AF579743

HABLANDO EL LENGUAJE DE LA MÚSICA

Investigando los beneficios educativos y terapéuticos de la improvisación en grupo

Luis Ponce-de-León

Título: HABLANDO EL LENGUAJE DE LA MÚSICA. Investigando los beneficios educativos y terapéuticos de la improvisación en grupo

Autor: Luis Ponce-de-León

Editorial: WANCEULEN EDITORIAL
Sello Editorial: WANCEULEN EDUCACIÓN

ISBN (Papel): 978-84-10104-87-7
ISBN (Ebook): 978-84-10104-88-4

Depósito Legal: SE 436-2024

WANCEULEN S.L.
www.wanceuleneditorial.com y www.wanceulen.com
info@wanceuleneditorial.com

Agradecimientos

A María Jesús del Olmo, profesora del Departamento Interfacultativo de Música de la UAM (Facultad de Formación de Profesorado y Educación) y directora del Máster en Musicoterapia Avanzada y Aplicaciones de la Facultad de Medicina de la misma universidad, por sus enseñanzas, su pasión contagiosa por esta disciplina, su apoyo como compañera de departamento, y su inestimable labor de supervisión durante el estudio en torno a los beneficios del programa puesto en marcha en el Conservatorio Profesional de Música de Arturo Soria, cuyos resultados fueron publicados en 2021, y a los que se hace referencia en uno de los apartados de este libro.

A Alessia Fattorini, por sus inspiradoras enseñanzas y su ejemplo de profesionalidad como facilitadora en la asignatura "Musicoterapia de grupo" durante la formación recibida en el Máster de Musicoterapia de la UAM. Las reflexiones en torno a esta experiencia forman parte de la autoetnografía que se presenta en este libro, una vivencia que, además de los beneficios personales aportados, me permitió darme cuenta de la necesidad de llevar a cabo iniciativas similares relacionadas con la improvisación grupal en el contexto de la educación musical.

A mis maestros y maestras del Máster de Musicoterapia de la UAM y a la Fundación Musicoterapia y Salud.

A mis compañeros y compañeras del Conservatorio Profesional de Música Arturo Soria, por su apoyo en el momento de implementar el programa de improvisación en el centro.

Al equipo docente de EnClavedeSí, y en especial, a la fundadora de la escuela, Cecilia Martín Hoyos.

A mis compañeros y compañeras del Departamento Interfacultativo de Música de la Universidad Autónoma de Madrid, en especial a Ángela Morales, directora del grupo de investigación "Música y Educación", por su gran trabajo y esfuerzo para impulsar el departamento y por el apoyo que siempre nos brinda en todos nuestros proyectos.

Hablando el lenguaje de la música

Investigando los beneficios educativos y terapéuticos de la improvisación en grupo

Luis Ponce-de-León (UAM)

Miembro del Departamento Interfacultativo de Música de la Universidad Autónoma de Madrid (Sección: Pedagogía musical) y del grupo de investigación "Música y Educación" - MUSYEDUC

Esta publicación ha sido sometida a un proceso de revisión por pares.

ÍNDICE GENERAL

Índice de figuras

Índice de tablas

PRÓLOGO

Si bien es cierto que la música es un lenguaje universal, es por ello que el término lenguaje musical en este caso cobra una especial relevancia dada la temática del libro que a continuación se presenta.

Cuando nos referimos a cualquier lenguaje necesitamos conocer sus normas gramaticales, pronunciación, escritura, etc. Al lenguaje musical le ocurre exactamente lo mismo. Necesitamos, por tanto, de un código para entender dicho lenguaje, sus signos, sus reglas, etc. Los músicos lo aprendemos, lo usamos, es en definitiva nuestro mediador semiótico, un mediador con significado.

Al tratarse de un lenguaje no verbal tiene esa significación que lo hace especialmente práctico y desde luego terapéutico para la interacción humana. Con esto me refiero especialmente a la emoción que provoca en el ser humano la escucha y la interpretación musical, sean cuales sean las circunstancias y características que le rodeen en ese momento.

El autor ha dejado muy claro desde el principio, tanto en el título como en el contenido de la obra, que se trata de esto precisamente, del "lenguaje de la música", y de los beneficios terapéuticos de este lenguaje, sobre todo desde el punto de vista de la improvisación, sin un texto musical que sirva de guía a la persona o grupo de personas que estén en interacción musical. Sí, hablamos de interacción musical, tanto desde el punto de vista del músico que participa en una actividad musical donde la improvisación tenga lugar, lo disfrutamos en las "Jam Session" que de vez en cuando los músicos organizamos en nuestros encuentros musicales, como de aquella persona o grupo de personas que están inmersas en un proceso de interacción musical sea terapéutico o de aprendizaje a través de esta forma de expresión musical.

La formación musical necesita de diferentes herramientas para que el proceso de enseñanza-aprendizaje sea óptimo. La improvisación musical y los procesos terapéuticos a través de programas de Musicoterapia facilitan enormemente esta tarea para los docentes, que a veces cuentan con poca o ninguna formación en esta área.

Objetivos como trabajar la escucha musical, fomentar la desinhibición, favorecer la expresión emocional, entre otros, se destacan en esta obra de una manera clara, a través de los diferentes epígrafes del mismo.

En este libro el lector encontrará ejemplos didácticos, reflexiones sobre la importancia de llevar a cabo un proceso con Musicoterapia y desde luego ideas apasionantes, creativas y motivadoras sobre la importancia del lenguaje de la música y la improvisación musical en contextos educativos y terapéuticos.

María Jesús del Olmo Barros

Profesora del Departamento de Música de la Universidad Autónoma de Madrid
Directora del Máster en Musicoterapia Avanzada y Aplicaciones
Fundadora de la Fundación Musicoterapia y Salud

1

Introducción

1.1 Improvisar: "Hablar" el lenguaje de la música

Mientras que en nuestras vidas cotidianas la lectura en voz alta de un texto escrito es menos frecuente que el hecho de "hablar", construyendo frases de forma espontánea cuando participamos en una conversación, en la práctica musical y en los procesos de educación musical se suele otorgar una importancia considerable a la lectura de "textos", a la interpretación musical de partituras, a veces en serio detrimento de la actividad de hacer música sin el soporte de una partitura preestablecida: "hablar" el lenguaje de la música.

Puede decirse que el equivalente de "hablar" el lenguaje de la música es la improvisación musical, actividad que Nettl, en el *New Grove Dictionary of Music and Musicians,* define como el proceso de creación de una obra musical "a medida que se ejecuta", de forma instantánea y sin (excesiva) planificación previa, a diferencia de la composición, que sería el proceso de creación de una pieza musical escrita.

No es fácil proponer una definición satisfactoria de improvisación para todos los contextos. ¿Hasta qué punto estaríamos de acuerdo con la definición propuesta por el *Diccionario Harvard de la Música,* que afirma que la improvisación sería el arte de ejecutar música como "reproducción inmediata", sin la ayuda de un "manuscrito, bocetos o memoria"? Es cierto que un contenido improvisado no ha sido memorizado previamente, pero ¿acaso el bagaje musical de la persona que improvisa, sus conocimientos y experiencias previas, no es también una forma de "memoria" que influye inevitablemente en sus improvisaciones? Un solista profesional de *Jazz* suele haber pasado por un largo proceso previo de aprendizaje, aprendiendo un amplio repertorio previo que le ha permitido convertirse en un experto en el arte de la improvisación. También es cierto que una improvisación no suele partir de un boceto escrito, pero ¿no hay acaso “bocetos”, modelos o marcos de referencia, como escalas, modos, patrones y formas musicales que constituyen puntos de partida para la persona que improvisa? Está claro que una improvisación puede incluir una mayor o menor densidad de elementos “fijos”.

En este libro se ofrecen, desde la investigación y reflexión, varias aportaciones en torno a la improvisación musical y sus beneficios en el contexto educativo y terapéutico. El Aprendizaje Social y Emocional (ASE) y la Musicoterapia son dos áreas de conocimiento que inspiran los estudios y propuestas que se comparten en esta publicación. De forma muy sucinta, se incluyen en esta introducción algunas definiciones de términos que se consideran fundamentales:

1.2 ¿Qué es el Aprendizaje Social y Emocional (ASE)?

Puede definirse el aprendizaje socioemocional (ASE) como:

> el proceso mediante el cual los jóvenes y adultos adquieren y aplican conocimientos, habilidades y actitudes para desarrollar identidades saludables, manejar las emociones y lograr metas personales y colectivas, sentir y mostrar empatía por los demás, establecer y mantener relaciones de apoyo, y tomar decisiones responsables y solidarias. (CASEL, 2012)

Se trata de un aprendizaje imprescindible para el desarrollo integral de cualquier estudiante, un elemento fundamental para su futuro profesional y personal, y que puede también favorecer su propio rendimiento académico. Los nexos entre la educación artística y el ASE están siendo explorados en un número creciente de estudios, y ha sido objeto de nuestras investigaciones previas (Ponce de León et al., 2022).

La improvisación musical en grupo es una práctica específica en la educación musical que puede tener beneficios significativos para el aprendizaje social y emocional de los estudiantes que participen en este tipo de procesos, favoreciendo el bienestar, tal y como muestran los siguientes capítulos.

1.3 ¿Qué es la Musicoterapia de improvisación?

La formación previa del autor en el área de la Musicoterapia, y concretamente la Musicoterapia de improvisación, ha sido el germen de gran parte de las propuestas que se incluyen en las siguientes páginas. ¿Cómo se podrían definir estas disciplinas?

El primer paso sería recordar la definición que propone la World Federation of Music Therapy (WFMT) en 2011:

> Es el uso profesional de la música y sus elementos como una intervención en los entornos médicos, educativos y cotidianos, con individuos, grupos, familias o comunidades que buscan optimizar su calidad de vida y mejorar su bienestar físico, social, comunicativo, emocional, intelectual, además de la salud espiritual y el bienestar. (WFMT, 2011)

Dentro de los varios modelos reconocidos de musicoterapia, las aportaciones de esta publicación están relacionadas con los modelos de musicoterapia de improvisación (Bruscia, 2010), que plantean como actividad central la interacción entre usuarios/pacientes/estudiantes y musicoterapeuta mediante la improvisación musical. La improvisación musical en un proceso de musicoterapia, a través de instrumentos, la voz y el cuerpo, puede favorecer la libertad interior de los pacientes, impulsar su creatividad, favorecer el conocimiento de sí mismos y de los demás, mejorar su autoestima, su relación con los demás o el conocimiento de su entorno (Poch, 2011). Con frecuencia se hará alusión en esta publicación a la improvisación grupal libre, que sería aquella que no parte de consignas previas, aquella que tiende a carecer de normas concretas y que no encajaría en marcos de referencia concretos en cuanto a armonía, ritmo o forma musical (Ladano, 2016).

1.4 ¿Qué contiene este libro?

Este libro consta de tres grandes apartados. En primer lugar, el foco se pone en las experiencias de improvisación grupal libre en las que participó el autor durante el proceso de formación en Musicoterapia. Se elabora una autoetnografía, aportando observaciones y reflexiones sobre cada una de las sesiones de improvisación, y posteriormente realizando un análisis global del proceso.

En segundo lugar, se plantea un proyecto de improvisación grupal, inspirado en la experiencia anterior, dirigido a estudiantes de un conservatorio profesional de música. Se detallan las fases y actividades del proyecto llevado a cabo en el centro y se aporta una evaluación del mismo, haciendo referencia a una investigación en torno a los beneficios percibidos por los participantes.

Finalmente, se plantea una serie de propuestas didácticas relacionadas con la improvisación musical, que pueden ser de especial utilidad en el aula de Lenguaje Musical en las enseñanzas especializadas de música, en el aula de Música en otros contextos y niveles educativos, y que también pueden ser empleadas como recurso en sesiones de musicoterapia.

El contenido se complementa con tres anexos. En primer lugar, una modelo de ficha para recoger información sobre la historia sonoro-musical de estudiantes/pacientes con formación musical previa. Un segundo anexo presenta una síntesis de técnicas en Musicoterapia de improvisación que pueden aclarar el uso de algunos de los términos empleados en otros apartados. El tercer anexo hace referencia al método *Música... ¡y acción!* donde se podrán encontrar recursos adicionales a los presentados en esta publicación relacionados con la improvisación y composición musical.

2

Los beneficios de la improvisación musical libre: una autoetnografía

Mi interés por la improvisación grupal libre nació de mi experiencia personal como estudiante del Máster en Musicoterapia Avanzada y Aplicaciones de la Universidad Autónoma de Madrid. Como parte de nuestra formación cursamos la asignatura "Musicoterapia de grupo", en la que participamos en una serie de sesiones de improvisación en pequeño grupo junto con un tutor o facilitador que formaba parte de la plantilla docente. Gran parte de las sesiones fueron de improvisación libre, sin ninguna consigna previa, que llegaron a tener hasta una hora de duración. En ocasiones se intercalaron otras actividades relevantes para la formación en Musicoterapia, incluyendo ejercicios con consignas más precisas. Después de cada improvisación había espacio para un coloquio en el que comentábamos sobre los aspectos más destacables en cuanto a la música que había tenido lugar en el grupo y nuestra sensación como miembros del mismo.

Las sesiones de musicoterapia de grupo tuvieron lugar un fin de semana al mes durante un curso académico completo. Se desarrollaron a lo largo de la mañana del domingo, a lo largo de la cual generalmente realizábamos dos o tres sesiones de improvisación seguidas del correspondiente coloquio.

A lo largo del proceso, mis compañeros y yo, que contábamos con formación musical previa, nos percatamos de los beneficios que implicaba la improvisación. Hacer música de una manera distinta, sin partituras o planes previos, sin juicios y procurando no estar pendientes de aspectos técnico-mecánicos de los instrumentos, supuso una fuente de placer y aprendizaje. Descubrimos una vía de desarrollo personal y profesional, un camino para conocernos mejor entre nosotros y a nosotros mismos, a través de la música que ofrecíamos y nuestras respuestas a las propuestas de los demás. Para muchos de nosotros la improvisación grupal libre nos ayudó a "redescubrir" la ilusión y el disfrute que supone hacer música, no solo con los instrumentos propios de nuestra especialidad, sino también con otros instrumentos, nuestra voz y nuestro cuerpo.

El propósito de este apartado es compartir las reflexiones que efectué después de cada una de las sesiones, añadiendo un breve análisis global del proceso. Por supuesto, cada persona vive su propio proceso cuando improvisa, comienza con sus propias expectativas e inquietudes, se plantea sus propios objetivos y retos, y participa en una comunidad única e irrepetible de participantes. No obstante, considero que este análisis puede ofrecer a lectores y lectoras ideas en cuanto a cómo puede evolucionar un grupo de improvisación musical. Se trata tan solo de una mirada, pero que puede ayudar a comprender qué ocurre cuando abordamos la experiencia de la improvisación musical libre en grupo.

Quiero transmitir mi agradecimiento a la facilitadora de nuestro grupo, Alessia Fattorini, por su excelente labor durante el proceso, tanto en las propias sesiones como durante el proceso de seguimiento y diálogo. Su implicación en nuestro proceso como grupo y como individuos fue un verdadero ejemplo que me ha inspirado en posteriores proyectos. Además de agradecer su profesionalidad, quiero agradecer la oportunidad que me ha brindado para poder mencionarla en este apartado del trabajo.

Nuestro grupo estaba formado por siete estudiantes de distintas especialidades instrumentales (instrumentos de viento-madera y piano), además de la facilitadora. Se emplean las siguientes letras aleatorias para hacer referencia de modo anónimo a los miembrosdel grupo: T., D., L., B., C., K., S. Las especialidades instrumentales mencionadas en el texto no tienen por qué coincidir con las especialidades reales de los participantes.

Los objetivos de las sesiones, de acuerdo con la guía didáctica de la asignatura "Musicoterapia de grupo" eran los siguientes:

- Trabajar el autoconocimiento en grupo a través del contacto directo con la experiencia musical en vivo, aspecto fundamental a la hora de poder acompañar en el futuro a los diversos colectivos con los que tendrán que trabajar.

- Desarrollar la musicalidad individual y grupal a través de una metodología práctica, guiada y supervisada "in situ" con una función terapéutica.
- Experimentar nuevas situaciones desde el ámbito no verbal.

2.1. ¿Qué es la Musicoterapia de grupo? Un breve marco teórico

Antes de realizar un análisis pormenorizado de las distintas sesiones, se aportan algunas referencias de interés relacionados con la Musicoterapia de grupo como disciplina.

En primer lugar, cabe destacar las aportaciones de Oslé (2007), quien afirma que, si bien en la actualidad se desarrollan experiencias de musicoterapia que abarcan todo un abanico de ámbitos "todavía es difícil acceder a trabajos desarrollados y libros publicados que destaquen la aplicación de la musicoterapia a la población en general y en un desarrollo grupal". Según el autor, la musicoterapia de grupo favorece el conocimiento de uno mismo, algo que puede beneficiar a cualquier usuario potencial (Oslé, 2007).

Cabe mencionar también la obra de Lecourt (2005), quien analiza experiencias de musicoterapia de grupo con todo tipo de colectivos. Menciona concretamente dos experiencias con grupos de músicos, con alumnos y profesores respectivamente que pueden asemejarse a la experiencia que describimos en los epígrafes siguientes. Resulta interesante conocer cómo el trabajo con profesores de música planteó importantes dificultades. Los usuarios mostraban una tendencia a aferrarse a fórmulas musicales concretas, y una actitud "a la defensiva" en los procesos grupales. La autora señala la capacidad de audición interior como un rasgo que diferenció estas experiencias con músicos de otros procesos de musicoterapia de grupo (Lecourt, 2005, p. 82).

Gardstrom (2007) ofrece a futuros facilitadores de musicoterapia de grupo orientaciones y propuestas que han resultado valiosas para comprender nuestro proceso de aprendizaje durante las sesiones de improvisación, así como en el proceso de creación del programa de improvisación musical grupal que se describe más adelante. En su obra abarca desde criterios para la elección de instrumentos, propuestas para el trabajo de elementos musicales diferenciados, y habilidades de facilitación, tanto musicales, como verbales y gestuales.

Destaca también la aportación de Davies y Richards (2002), quienes presentan una compilación de estudios relacionados con musicoterapia de grupo, dedicando un apartado final a la musicoterapia de grupo en la formación y supervisión del propio musicoterapeuta.

2.2 Análisis de sesiones de improvisación

A continuación se recogen las reflexiones efectuadas por el autor de este libro posteriores a cada una de las mañanas de "Musicoterapia de grupo", incidiendo particularmente en las improvisaciones libres. Analizamos nueve sesiones o jornadas, celebradas en meses consecutivos, cada una de las cuales constan a su vez de varias sesiones de improvisación. Después de las reflexiones se incluye un breve análisis global del proceso.

Primera sesión: septiembre

Para ser el primer fin de semana que trabajamos juntos, he sentido que como grupo logramos bastante coherencia y cohesión. En los momentos más rítmicos sentía una sincronía considerable. Compartíamos claramente un mismo pulso y generábamos patrones reconocibles. En los momentos melódicos predominaba la consonancia. Surgieron secciones modales y tonales, pero sentía la presencia de una tónica casi todo el tiempo. En la tercera improvisación que realizamos, al surgir una propuesta de blues, y también debido al uso de otros instrumentos melódicos aportados por los miembros del grupo, hubo una mayor presencia de notas cromáticas. En general había mayor presencia de frases cortas y motivos que de frases largas. Teníamos mucha libertad, y podría haber habido caos, pero nosotros mismos apostamos por el orden.

Todos los miembros del grupo participamos activamente en las sesiones. No sentí que nadie se quedara aislado, si bien había miembros que ofrecían contrastes y generaban nuevas propuestas con más frecuencia, mientras que otros tendían a aportar un acompañamiento, a construir sobre las ideas generadas por otros. Yo me incluiría más bien en este segundo grupo. Mi percepción fue que nos encontramos a gusto tocando en grupo, especialmente después de "romper el hielo" en la primera sesión. Sentí que hubo mucho respeto. Nos escuchábamos, logramos momentos muy bellos y también silencios muy agradables a modo de transiciones. Quizás eché en falta que no nos mirásemos un poco más entre nosotros.

En la primera de las sesiones me sentí como un niño en una guardería, descubriendo los "juguetes" sonoros de la sala. Si bien me esperaba que fuésemos a permanecer más tiempo cada uno con los instrumentos escogidos en un primer momento, al observar que otros cambiaban de instrumento, me animé yo también a explorar los instrumentos disponibles a lo largo de la sesión, moviéndome por la sala. ¡Creo que tuve oportunidad de tocar todo lo que había! Me gustaron especialmente los tubos sonoros ("boomwhackers"), y jugué a buscar los que encajaban mejor con las armonías que sonaban. Surgieron muchas propuestas distintas, episodios musicales breves en su mayoría. Desde el momento que Alessia intervino con percusión corporal, algunos (yo incluido), decidimos incorporarla también en algún momento de la sesión. No nos atrevimos apenas a cantar.

La segunda sesión supuso un reto mayor para mí. Debíamos incorporar cada uno un elemento musical adicional a una "espiral en movimiento", partiendo de un motivo musical de un tema conocido de música pop introducido por la facilitadora. El hecho de que la idea de partida fuese vocal generó más propuestas vocales y yo también me sentí más preparado para intervenir con la voz en distintos momentos. Partir de unas normas, y la idea de que cada uno fuese "engordando" la textura mientras nos movíamos "en espiral", me resultó divertido, pero me sentí bastante inseguro en un momento al no tener la certeza de haber comprendido exactamente el funcionamiento del "juego". No tenía claro si, después de haber intervenido todos una vez, debíamos mantener lo que habíamos hecho antes y añadir otro elemento simultáneamente. Así intenté hacer en un primer momento, pero mantener una idea vocal, añadiendo un motivo al instrumento, y además seguir caminando entre los instrumentos y escuchar al grupo me resultó muy difícil. Además, al observar que otros no estaban siguiendo este procedimiento, dudé si había comprendido bien las instrucciones. La sesión supuso tomar muchas decisiones. De entrada, debía elegir instrumentos adecuados que me permitieran seguir moviéndome en la espiral... o bien decidir salirme de la espiral, como hicieron algunos compañeros, una idea que no se me había ocurrido, quizás porque suponía romper la "espiral" que para mí era esencial en el juego. Otra decisión que tomé, sobre todo cuando se generó una aceleración en el tempo, fue dejar un poco de lado las "reglas" y seguir participando y disfrutando, incluso permitiéndome "bailar" un poco con el instrumento en la espiral. Reconozco que me costó "no respetar" esas normas de partida. El hecho de estar en espiral, sin vernos los unos a los otros, creo que hizo más fácil el desinhibirme.

La tercera sesión tuvo como novedad la incorporación de instrumentos melódicos aportados por nosotros. Disfruté escuchando las aportaciones de mis compañeros con sus instrumentos como la flauta travesera o el clarinete. Yo utilicé mi flauta de pico. No es mi instrumento principal, y no me sentí con la seguridad de aportar melodías a modo de "idea principal", pero me coloqué cerca de T. que estaba interpretando melodías muy bellas con la flauta, y complementé con motivos breves o notas largas sus melodías y silencios, lo cual me resultó muy agradable. Agradecí cuando B. nos animó a cantar dentro de la estructura del blues y disfruté aportando frases con la voz con cierta energía. Agradecí también cuando alguien proponía una idea muy clara, como los acordes en la guitarra propuestos por L. o las terceras propuestas por la falicitadora al piano. En esos momentos sabía con mayor certeza qué quería aportar al grupo, cómo "apoyar" esa idea inicial. La nana final de la sesión muy placentera y, casi sin esfuerzo, intervine con la voz.

Disfruté participando en las tres sesiones, aunque diría que me sentí con mayor libertad en la tercera de ellas. Me resultó en general más fácil tocar instrumentos, o utilizar timbres corporales, que emplear la voz, pero me alegré de poder utilizarla, especialmente en la tercera sesión. Me sentía más cómodo escuchando las propuestas que se estaban generando y añadiendo algo que respetase la "atmósfera" inicial. Reconozco que no me atreví a proponer un contraste o a generar "nuevos episodios". Me podría haber arriesgado más en este sentido. También me he dado cuenta de que me siento más cómodo aportando ideas cuando nos encontramos en un nivel bajo o moderado de energía, cuando la "atmósfera musical" es dulce, relajada o misteriosa.

Como reto para la siguiente sesión me planteo proponer alguna "semilla generadora" en algún momento de las sesiones, jugar a proponer algo nuevo y contrastante en un determinado momento... incluso corriendo el riesgo de que al final no sea "seguida" por el grupo.

Segunda sesión: octubre

Al igual que en el encuentro anterior, sentí que hubo una fuerte cohesión del grupo. Percibí una actitud de escucha y respeto en todas las sesiones de improvisación libre. Se percibía un pulso estable la mayor parte del tiempo y una métrica regular. Siguieron predominando los motivos melódicos breves, con frecuencia a modo de ostinato, pero también surgieron ideas melódicas más extensas y desarrolladas, me atrevería a decir que en mayor cantidad que en el encuentro anterior. Salvo momentos puntuales, hubo un claro predominio de la consonancia sobre la disonancia, especialmente en la primera sesión. Predominaron los niveles dinámicos suaves, siendo escasos los contrastes dinámicos dentro de una misma sección. También predominaron los contornos melódicos suaves, siendo los intervalos melódicos amplios poco frecuentes. Predominó el modo mayor sobre el menor.

Procuré estar más pendiente de los momentos de transición. En varias ocasiones, sentí que eran transiciones muy consensuadas. Se producía un claro *ritardando* y *diminuendo*. La base rítmica y los ostinatos iban perdiendo energía, augurando el silencio. No obstante, este silencio no se solía llegar a producir por completo, pues en algún momento surgía una nueva idea rítmica en otro instrumento, que se solapaba con la textura anterior que se estaba extinguiendo, y los demás se iban sumando hasta dar lugar claramente a un nuevo episodio. Con frecuencia los nuevos episodios surgían en los instrumentos armónicos, con propuestas de acordes en el teclado o la guitarra. También percibí algunas transiciones más abruptas y lideradas claramente por algún miembro del grupo. En estos casos no se escuchaba una fase clara de "extinción" de la atmósfera anterior. A modo de ejemplo, hubo un momento en el que se produjo un cambio de modo en el teclado, y a medida que nos percatamos del cambio, modificamos nuestras ideas sin ralentizar apenas la acción.

Todos los miembros del grupo participaron activamente, aunque con un nivel de energía por lo general más contenido que en el encuentro anterior. El menor nivel de energía tal vez se debió a un mayor cansancio, (¡incluso debido al peor tiempo de este pasado fin de semana!), o circunstancias particulares de algunos de los miembros del grupo, como B., que en otras sesiones habían liderado los momentos de clímax. Como comentamos después de la sesión, el hecho de que L.

hubiese expresado "así me siento yo hoy", tocando la melodía de la nana de Brahms con uno de los carillones al principio de la mañana, reflejó (y pudo influir en) el carácter sereno predominante de la música que creamos. Debido en parte al menor espacio disponible en la sala en esta ocasión, hubo menos movimiento de los participantes y cambios de instrumento menos frecuentes. Algunos participantes, como L., tendieron a "recogerse" detrás de sus instrumentos, sin apenas contacto visual con el resto del grupo. Otros participantes, como B., sí mostraron con la mirada que estaban pendientes de lo que ocurría a su alrededor. Por lo general, especialmente en la primera sesión, nuestras intervenciones fueron destinadas a engordar la textura, añadiendo capas a las ideas musicales de partida, sin la aportación de ideas en un plano claramente destacado. No obstante, sí surgieron momentos de participación de solistas, especialmente en la tercera sesión. Algunos de estos momentos más memorables fueron las intervenciones de D. con el saxofón, o el dúo vocal de T. con C., pero casi todos tuvimos algún momento de protagonismo durante la tercera sesión. Destaco también un momento de palmas complejo y enérgico, probablemente uno de los momentos en los que hubo más sonrisas y un mayor contacto visual entre los miembros del grupo.

Me sentí cómodo en las distintas sesiones, probablemente más que en el encuentro anterior, al conocer ya al resto del grupo. Disfruté participando activamente y atreviéndome a intervenir de formas distintas. En la primera sesión participé sobre todo con el carillón, al igual que otros miembros del grupo. Este timbre fue posiblemente uno de los aspectos que contribuyó al carácter tranquilo y onírico de una buena parte de la sesión. Casi desde el principio intervine también con la voz, improvisando melodías en *legato* y contornos suaves. Me propuse, deliberadamente, intervenir de forma más presente, con frases largas, tanto en las láminas como con la voz. Además de imitar motivos, o proponer elementos en momentos de silencio, me di cuenta de que una forma muy gratificante de unirme a lo que sucedía era cantar creando intervalos armónicos consonantes, sumándome a sonidos prolongados que otros estaban cantando. Surgió un momento novedoso en este encuentro cuando B. empezó a "contarnos" con música que "no le gusta madrugar". Consiguió elevar el nivel de atención de todos, nos hizo sonreír, nos sentimos identificados con su mensaje, y le apoyamos con nuestras intervenciones vocales e instrumentales. Fue una fase divertida y no dudé en añadir otro toque de humor con mis bostezos.

En la segunda sesión de improvisación tuve preparada la flauta de pico soprano, un instrumento que me propuse utilizar en este encuentro y lo empleé durante una buena parte de la sesión. Lo consideré más arriesgado que la flauta contralto, que empleé en el encuentro anterior, ya que, por su tesitura aguda y timbre más penetrante, destaca con facilidad en la textura. No obstante, consideré también, por esta razón, que el instrumento me ayudaría a participar con un rol de líder en algunos momentos, uno de los retos propuestos para este encuentro. En las primeras fases de la sesión propuse melodías en *legato*, pero más adelante intervine con articulaciones cortas y motivos en staccato, de acuerdo con el carácter más "tribal" y con mayor presencia de la percusión que surgió en un momento posterior. En algunos momentos de esta sesión exploré también los movimientos cromáticos en la flauta, imitando propuestas de otros participantes. Fue divertido redescubrir cómo con un mismo instrumento melódico se puede forma parte de ambientes sonoros muy distintos. Decidí añadir la voz en varios momentos de la sesión, y uno de ellos, con una estructura de blues al piano como base tocada por K., fue especialmente gratificante y la comentaré en mayor detalle en el siguiente apartado.

En la primera sesión tuve que acostumbrarme al aula. Si bien el espacio era más limitado, y me hubiese movido más de sitio y cambiado de instrumento si el espacio hubiese sido otro, no quise perturbar a los compañeros. Además, decidí que era una buena ocasión para intentar sacar más partido de un mismo instrumento, buscar distintas formas de usarlo y también hacer un mayor uso de la voz. En la segunda sesión de improvisación libre no me atreví desde un principio a "romper el hielo" con una melodía en la flauta soprano, pero sí con sonidos aislados. Sentí que en el resto del grupo ocurría algo parecido, como si estuviésemos "afinando" antes de empezar a tocar. Poco después, propuse melodías más largas. Fue muy gratificante sentir en varios momentos cómo otros habían escuchado lo que había interpretado y lo imitaban de alguna manera en sus intervenciones. En varios episodios de la sesión, me di cuenta de que tenía unas expectativas. Después de que se crease una textura clara a modo de fondo musical, sentí que todo eso era una "introducción" que debía dar lugar a una melodía principal. Me di cuenta de que en estos momentos tenía una expectativa, sentía que "debía pasar algo más", que ese momento para mí introductorio estaba resultando demasiado estático y, de acuerdo también con el reto que me planteé para esta sesión, me dije a mí mismo: "¿Y por qué no aportas tú eso que esperas que pase ahora?". Por lo tanto, en varios de esos momentos decidí tomar la iniciativa y desempeñar el rol de líder, sobre todo con la voz. El momento más gratificante fue cuando canté sobre la estructura de jazz con sonidos onomatopéyicos ("doo-wap") y el resto del grupo respondía en los silencios. Si bien yo ya sabía que el grupo no me iba a dejar solo, no dejó de ser especialmente agradable el sentirme respaldado por el grupo.

No todos los momentos "valientes" fueron tan exitosos. Hubo un momento en el que, dada la atmósfera misteriosa que se estaba creando, quise proponer alguna palabra que diese pie a contar una historia. Me surgió de repente la idea y quise probarla diciendo "¡Mira!". Suelo pensar mucho las cosas antes de decirlas, pero en esta ocasión, a modo de experimento, quise lanzar la idea y esperar a que la desarrollásemos "sobre la marcha". Desembocó en una adivinanza a modo del "veo veo", resultando un tanto extraña (¿tenebrosa?) por las armonías en modo menor que acompañaban. No fue uno de los momentos más convincentes de la sesión, pero sí nos llevó al mundo de la infancia y poco después surgió una retahíla de melodías populares y villancicos: otro momento de humor.

En cualquier caso, me siento bien por haber podido cumplir mi reto de proponer nuevas ideas y de liderar algún episodio, y por haberme sentido a gusto en esos momentos. Hubo momentos especiales como el dúo vocal entre T. y C. en los que preferí escuchar y observar con mayor atención, disfrutando, sin intervenir, de lo que estaba ocurriendo. Pensé que tampoco era imprescindible estar "haciendo algo" todo el tiempo y que puede haber momentos donde la mejor opción es sencillamente escuchar.

Tercera sesión: noviembre

Si bien en encuentros anteriores ya había sentido una cohesión considerable en el grupo, la he percibido con más claridad en esta ocasión. Los momentos de incertidumbre e indecisión ("afinación" del grupo) al principio de las improvisaciones fueron más breves, estableciéndose sin tanta demora una idea musical principal en el grupo. Sentí también que los episodios también fueron más largos que en los encuentros anteriores y las transiciones menos frecuentes, perdurando algunas ideas de base (por ejemplo el ritmo de habanera en la segunda improvisación) durante períodos de tiempo muy extensos.

El nivel de energía en general fue significativamente mayor que en el encuentro anterior. Esto no sólo se reflejó en el nivel dinámico, sino en la fuerte tendencia a incorporar ritmos sincopados y polirritmias. Predominó una métrica de cuatro por cuatro en las propuestas del grupo, pero destacaría un novedoso momento ternario a modo de vals en la primera improvisación y un ritmo de danza de sensación rítmica ternaria en la segunda improvisación que invitaba al balanceo. La exploración de nuevos elementos en el grupo se dio también a nivel melódico. Jugamos con la disonancia en numerosas ocasiones, especialmente en momentos de improvisación vocal, y ha habido una importante presencia de notas cromáticas en las intervenciones de los instrumentos melódicos (flauta, clarinete, saxofón). Si bien siguió predominando la tonalidad, también hubo momentos modales que me resultaron estéticamente muy satisfactorios, con melodías ornamentadas basadas en escalas exóticas con intervalos destacados de segunda aumentada.

He percibido un mayor grado de complicidad dentro del grupo en este encuentro, con más comunicación a través de la mirada y diálogos muy claros entre miembros del grupo en episodios puntuales. Diría que todos nos hemos atrevido a aportar algo más al grupo que en el encuentro anterior. A modo de ejercicio, procuraré compartir brevemente mis impresiones sobre la participación de cada miembro del grupo.

C., como en los encuentros anteriores, está muy presente en todo momento. Agradece y respalda las iniciativas de los componentes del grupo con la mirada y su respuesta musical, motivándonos a participar y a explorar. También toma la iniciativa en momentos necesarios para que avance el discurso, como el momento en que se puso de pie en la primera improvisación y nos invitó a descargar nuestra energía no sólo con los instrumentos, sino también a través del movimiento. Destaco también los momentos en que nos invitó a hacer un mayor uso de la voz, y a explorar la palabra cantada como recurso, como a través de la propuesta de relato de “Manola”.

B. es expresivo con la mirada y en sus propuestas musicales. Con frecuencia lidera el grupo introduciendo propuestas creativas y divertidas. Invita a los demás a responder a sus propuestas, y él mismo suele responder con inmediatez para apoyar las iniciativas de los demás.

T. es analítica, investigadora, y muy cuidadosa, buscando siempre la mejor calidad de los sonidos que aporta, y cuidando no invadir el espacio de los demás.

S. es prudente y sensata. Aunque también propone ideas ingeniosas, disfruta más explorando cómo acompañar las propuestas lideradas por otros. Utiliza el recurso de la percusión corporal con más frecuencia que otros miembros del grupo.

K. es observador, pero también decidido, y no duda en incorporar elementos novedosos y claros contrastes cuando lo cree necesario para evitar el estatismo en el discurso del grupo.

L. disfruta claramente del paisaje sonoro y participa con intervenciones expresivas y creativas, a veces manteniendo una distancia física con el grupo.

D. es sensato y a veces más tímido que otros miembros del grupo, pero también participa con propuestas muy enriquecedoras para el grupo, acompañando o desempeñando un mayor nivel de liderazgo cuando emplea el saxofón.

Desde la primera sesión estuve dispuesto a disfrutar y probar nuevos recursos. En varios momentos mi rol fue el de aportar algo más a la textura ya generada: escuchar y "sintonizar" con los elementos melódico-rítmicos de alguno de los compañeros, respondiendo a través de la imitación. Destaco varios momentos de diálogo: con C. empleando el xilófono, también con T., con B. a través de los Boomwhackers. Sentí esta sesión como un paseo con un grupo de amigos. Rara vez caminan todos juntos en línea, sino que unos se adelantan y mantienen una conversación, otros quedan rezagados y mantienen otra conversación, pero esos "subgrupos" de conversación van cambiando a lo largo de la excursión. Seguimos siendo un grupo, pero hay momentos de especial conexión entre algunos de los componentes.

Traje conmigo una flauta de émbolo con la finalidad de experimentar con otro instrumento que, además, puede ser difícil de integrar, por su timbre y afinación fluctuante. Espere el momento más adecuado para emplearla. Finalmente, lo empleé en un momento rítmico "latino" hacia el final de la sesión. Me divertí buscando sonidos que pudiesen encajar en la textura y fluctuando la altura a partir de ahí, añadiendo un toque humorístico.

Empleé la voz en varios momentos, sintiendo que la atmósfera musical del momento demandaba esa línea vocal. Surgió un momento de interacción vocal muy interesante con B. y C., donde pudimos experimentar con el sonido de las vocales y las disonancias.

En la segunda sesión, empleé en varios momentos la flauta dulce. Teniendo en cuenta el reto propuesto para esta sesión, me decidí a emplear el teclado, primero para aportar un fondo musical acorde a lo que ya estaba sucediendo, y una vez que disminuía la energía de la idea, generé otra idea rítmica y armónica al piano que fue apoyada por el grupo. De nuevo, surgió un momento de danza oriental donde sentí la necesidad de introducir una línea vocal. Me propuse "perderme" y explorar la voz, haciendo fluctuar la intensidad. Fue uno de los momentos más gratificantes de la sesión, junto con el relato de "Manola" donde prácticamente todos interactuamos con la voz, jugando con la sonoridad y ritmo de las palabras.

Como en los encuentros anteriores participé activamente, dispuesto a disfrutar e investigar durante la sesión. No me resultó violento, sino gratificante y divertido, liderar varios momentos (especialmente a través de la voz, tanto en la primera como en la segunda sesión), momentos en los que sentí que realmente me apetecía intervenir de esta manera. Sentí estos momentos con mayor naturalidad que en el encuentro anterior, e igualmente gratificantes, sintiendo el apoyo del grupo. Igualmente disfruté cuando desempeñé un rol secundario, sumándome a la textura, y "empatizando" con alguna de las propuestas de alrededor.

El momento de la "danza oriental" de la segunda sesión es para mí uno de los momentos en los que he conseguido "soltarme" más hasta el momento, jugando a explorar mi voz sin miedo a desafinar o a estar en un primer plano, dejándome transportar a ese lugar exótico que estábamos representando. En el momento sentía que mi voz era mucho más intensa de lo que luego pude escuchar en la grabación.

Me gustaría experimentar proponiendo ideas claramente atonales y explorar los resultados en el grupo. También me propongo prestar una mayor atención y responder de forma más específica a las propuestas de K. o D., pues con ellos no he mantenido "diálogos" tan claros como los que han ocurrido con los demás.

Cuarta sesión: Diciembre

El contenido musical me ha resultado muy satisfactorio estéticamente. Ha habido cohesión en el grupo, como en sesiones anteriores. Ha seguido predominando la música métrica en compás de cuatro por cuatro con contratiempos y síncopas bastante frecuentes.

Predominó la consonancia, la tonalidad y concretamente el modo mayor. No obstante, surgieron momentos más cromáticos, como el episodio de música a caballo entre música de circo y desfile militar, con divertidos giros cromáticos del saxofón (D.) y clarinete (L.), o un episodio que parecía inspirado por la música argentina, liderado por la melódica de K., a modo de llanto de un bandoneón.

Me resultaron muy novedosos varios episodios "no tonales", por ejemplo, un momento de "viento musical", donde se unía un soplido proporcionado por la boquilla de la melódica de K., y glissandos en los instrumentos de láminas, y otro momento donde creamos el paisaje sonoro de un bosque: sobre el fondo de movimientos cromáticos de una guitarra, tambores y un palo de lluvia (S.), se sumaban sonidos que parecían provenir de criaturas diversas despertando poco a poco, incluyendo sonidos vocálicos e instrumentales (por ejemplo T. con la boquilla de la flauta travesera). Fueron momentos divertidos de experimentación.

Otro momento novedoso a destacar fue la lectura dramática de un poema aportado por B. La palabra con un fondo musical me resultó emocionante (creo que nos emocionó a todos) y me inspiró a la hora de intervenir con la voz posteriormente, tomando frases del propio poema, dando lugar en el grupo a una canción que empoderaba.

En la sesión anterior ya destaqué la mayor complicidad entre los miembros del grupo, lo cual se ha mantenido y se hizo evidente en diálogos espontáneos entre miembros del grupo. Quizás añadiría una mayor decisión y una mayor presencia del humor, que se ha hecho explícito en risas y sonrisas, además de "guiños" más sutiles. El humor se hacía patente incluso en momentos de silencio, transiciones tipo "limbo". He observado en mí y en el resto del grupo, menos rigidez corporal, y una tendencia a bailar más con la música generada en el grupo. Nos hemos dejado llevar, dejando que surjan las ideas de modo más natural. Como comentó nuestra tutora, en esta ocasión hilamos los eventos musicales de modo más "orgánico".

Me resultó agradable interactuar con todos los miembros del grupo. No obstante, me resulta más fácil interactuar con los compañeros que mantienen un mayor grado de contacto visual con el grupo, como T., C. o B. En general, hay un mayor grado de contacto visual que cuando comenzamos y una actitud de escucha en todos.

No solo me he sentido cómodo, sino que me he divertido, participando a lo largo de la sesión, pasando por momentos de mayor liderazgo (realizando armonías al piano, proponiendo una capa de voz) o roles de soporte (ritmos en la darbouka, motivos en las láminas). Me ha resultado muy placentero intervenir con la voz en varios momentos y también respondiendo con el cuerpo al carácter de la música. Un apunte divertido: tenía el móvil en el bolsillo, y la aplicación que detecta el movimiento y número de pasos, señalaba que había estado haciendo "ciclismo" durante la hora de improvisación libre.

En cuanto a explorar la atonalidad, a modo de experimento como uno de mis retos, estuve pendiente de los momentos en los que podía intervenir con motivos atonales, y en esos breves episodios que ya he mencionado intervine con notas consecutivas simultáneas, glissandos o notas al azar en las láminas. No conseguí alargar mucho estos espacios de "no tonalidad" y tuve la intención de desplazarme al teclado en un momento para ofrecer una propuesta claramente no tonal, pero la música evolucionó rápidamente y finalmente no hubo oportunidad. Estamos tan habituados a la tonalidad, que en cuanto alguien sugiere una tónica, nos dejamos llevar casi inmediatamente. He procurado estar algo más atento a mí postura corporal, a sentir relajado mi cuerpo.

Teniendo en mente los retos para esta sesión, y a modo de juego, procuré conectar en algún momento con algunos miembros del grupo, como con D., con quien no había tenido ocasión de entablar ningún diálogo hasta el momento. Finalmente, se percató de que yo estaba pendiente y respondiendo a sus motivos en las láminas. En los comentarios posteriores señaló que él "iba a lo suyo", pero realmente sí conectó con nuestras intervenciones, como en este caso.

Un momento cumbre para mí sería el poema de B. Fue algo rompedor. Resultó emocionante acompañar con instrumentos una lectura dramática. Me inspiró para sugerir un ostinato verbal "Cuando quieras ser tú", y me resultó muy gratificante cómo continuó desenvolviéndose todo: C. recogió inmediatamente el ostinato, añadí otras melodías relacionadas con el poema y todos nos acabamos uniendo al episodio. La propia letra de la canción, incluyendo también otras ideas que surgieron, contribuyeron, junto con la participación musical misma, a vivir el momento presente con intensidad y me animaron personalmente a participar con espontaneidad.

Además de continuar participando activamente y "conectando" en la medida de lo posible con los demás, continuaré trabajando sobre cómo introducir recursos no estrictamente "tonales" (motivos atonales, ruidos, palabras...) que puedan enriquecer el desarrollo de la sesión. Como "juego", voy a tener pensado un motivo melódico de una canción muy concreta con la que sé que conecta especialmente algún miembro del grupo, a modo de "regalo sorpresa".

Quinta sesión: enero

Si bien todavía estuvieron presentes muchos de los "estereotipos" presentes en "nuestra" música de sesiones anteriores (predominio de la tonalidad, modo mayor, abundantes ritmos binarios en cuatro por cuatro, aunque con cierta tendencia a incorporar síncopas y contratiempos), el grado de experimentación va en aumento.

Uno de mis retos, ya desde la sesión pasada, fue explorar la atonalidad en la improvisación. En el encuentro anterior me resultó difícil contribuir con esto: propuse algunos motivos atonales que finalmente se vieron "ahogados" y arrastrados por una tónica en algún lugar de la sala (ya comentamos la fuerte tendencia a dejarnos llevar por una tonalidad). No obstante, ya en esta primera sesión pudimos experimentar episodios atonales, entre ellos, un episodio temprano de la primera sesión, una atmósfera similar a un gamelán de Indonesia, donde el elemento protagonista eran los semitonos, que nos alejaba de terrenos predecibles. En la sesión final me divertí especialmente explorando melodías atonales con la voz, glissandos, *clusters* al piano, etc., y descubriendo, junto al resto del grupo, atmósferas lúgubres y tenebrosas: paisajes bastante novedosos.

Además de experimentar con otros elementos musicales y caracteres, descubro que cada sesión nos atrevemos a explorar nuevas modalidades de expresión. En este encuentro, el elemento teatral, fue muy significativo. No puedo pasar por alto el episodio de la última sesión en el que comenzamos a pasarnos un objeto imaginario, recibiéndolo cada uno con una emoción distinta. De hecho, incluso abandonamos los instrumentos y casi permanecimos en silencio para centrarnos en el gesto, el movimiento, y en todo caso, añadiendo algún efecto sonoro. Hubo momentos de gran intensidad, como éste, pero también silencios, transiciones "limbo", más largas que en otras ocasiones.

Creo que a la mayoría de nosotros nos sorprendió la inactividad de B. en la primera parte de la primera sesión. Como ya comenté en la propia sesión, me pareció como si estuviésemos en el recreo, jugando todos a un partido de pelota y viendo a un compañero sentado en un rincón, y no precisamente disfrutando del espectáculo. No podía evitar estar pendiente de esta situación, claramente significativa, teniendo en cuenta la intensa participación de B. en otras sesiones, rebosante de energía, optimismo y a veces dramatismo. Mi impulso era "invitarle a jugar con nosotros", pero por otro lado pensaba que tal vez debía respetar su deseo de permanecer en silencio. Finalmente, opté por una "solución de compromiso" y decidí acercarme a él, mover un xilófono para sentarme a su lado a tocar las láminas. Le hice un gesto para que supiese que yo estaba pendiente, pensando que a lo mejor esto podría animarle a tocar. En ese momento, no lo hizo, pero más adelante se unió cuando me puse al teclado, y el resto de la mañana su participación fue activa y con intervenciones sorprendentes como en otras ocasiones.

Me sorprendió también la mayor presencia de L., ya sólo con la mirada, y una actitud muy lúdica. Nos miraba a todos, se mostraba muy pendiente de lo que pasaba, sentía la música con el cuerpo, reconociendo los momentos de mayor "chispa" rítmica que se iban generando. Compartió con nosotros su sentido del humor y su habilidad verbal con ingeniosas aportaciones.

También destaco en este encuentro una actitud más abierta por parte de K. En otras ocasiones yo había comentado cómo me había sido más difícil la comunicación con él y me había propuesto como reto buscar maneras de conectar más con él. En esta ocasión, me resultó mucho más sencillo. En varios momentos pude percibir cómo estaba pendiente de mí o de otros, moviendo la cabeza para escuchar o ver lo que estábamos haciendo y responder él de alguna manera. También fue él el primero en responder y unirse a alguna de mis propuestas, lo cual me sorprendió gratamente. Fue él quien se unió a mí en el dúo de glissandos vocales en la primera sesión.

Por supuesto, hubo momentos de complicidad e intercambio con los otros miembros del grupo, como en otros encuentros. También hubo momentos de cohesión grupal especialmente significativos como el momento teatral de la sesión final que ya he destacado, o un momento rítmico, donde acabamos bailando, cantando y recitando, alrededor del piano hacia el final de la primera sesión. Curiosamente, éste era uno de los "regalos musicales" que había preparado para este encuentro: el tema "Come" de Jain que S. había propuesto anteriormente en un trabajo, y que a mí me sorprendió y gustó especialmente cuando estuve "cotilleando" las propuestas de mis compañeros. ¡No obstante, la respuesta más significativa fue de K., quien reconoció con alegría el tema en cuanto toqué tres acordes al piano!

Disfruté empleando la variedad instrumentos disponibles, y también empleando la flauta de pico en determinados momentos. En esta ocasión, destacaría un mayor uso de la voz, tanto para efectos (conversaciones de glissandos con K.), momentos más dulces y expresivos (el dúo acompañado al piano por B., otro hito, donde disfruté respondiendo con la voz a las armonías que iba proponiendo, dando forma a la longitud de las frases), o momentos más fantasmagóricos (hacia el principio de la última sesión, donde me acompañé mis intervenciones vocales “atonales” con el platillo).

A modo de "regalo musical" (me encantó la inclusión de esta técnica en el listado de las 64 técnicas de Bruscia) llevé una caja de música a la sesión. No sabía si habría momento para ella, pero en la sesión final decayó la energía desembocando en un silencio que me pareció propicio. Me resultó muy gratificante poder compartir este instrumento con todo el grupo y el bello “Vals de las flores” de

Tchaikovsky que contiene, y poner un toque de humor en su reproducción con la manivela. Siempre me ha parecido una preciosidad el mecanismo de las cajas de música, me lleva a la infancia, y me sigue gustando su lado misterioso: cómo cada caja "esconde" su propia melodía, esperando tan sólo que alguien gire la manivela para darle vida de nuevo. Hubo un silencio de cerca de dos minutos después de esa intervención. Muchos de nosotros estábamos agotados después de los episodios tan intensos que habíamos vivido a lo largo de la sesión. Para mí fue como despertarme después de haber vivido múltiples sueños, de los cuales no alcanzaba a recordar más que algunos.

Aparte de lo comentado hasta ahora, destaco que otro atrevimiento fue empezar a tocar directamente en la primera sesión, sin permitir tanto tiempo de preparación como en encuentros anteriores. La verdad es que en el comienzo del encuentro anterior pregunté si íbamos a comentar algo antes de la sesión, lo cual desembocó en una ronda de comentarios, y llegué a dudar si el resto del grupo, incluyendo la tutora, consideraba conveniente empezar de esta forma (la verdad es que pregunté por prudencia). En esta ocasión, decidí no preguntar, empezar directamente y no prolongar el silencio inicial. ¡Siento que en esta ocasión se echara en falta un espacio inicial de comentarios! Tiendo a ser muy prudente, pero en estas sesiones a veces aprovecho para probar hacer las cosas de otra manera. En una sesión anterior comentamos cómo los comentarios iniciales podrían haber influido en el contenido emocional de las improvisaciones. ¡En esta ocasión no tuvimos excusa!

Para seguir conectando con otros compañeros del grupo voy a revisar la grabación de alguna sesión anterior y recoger algunas intervenciones significativas (temas/motivos) que aportaron algunos de mis compañeros, con el fin de recrearla de alguna manera en la próxima sesión y observar los resultados. También procuraré seguir relacionando lo que ocurre con lo que vamos aprendiendo en cuanto a técnicas de improvisación.

Sexta sesión: febrero

En la primera improvisación trabajamos con una restricción: no utilizar instrumentos de percusión. Es un reto interesante porque estábamos eliminando la posibilidad de intervenir con una capa puramente rítmica con instrumentos, que sería una forma más segura, menos arriesgada, de contribuir. Además, esa capa rítmica puede dar a otros una mayor seguridad para plantear sucesivas capas (por ejemplo, intervenir con un instrumento melódico o la voz). Al eliminarla, nos veíamos aportando dentro de una textura más "desnuda". Este fue uno de los factores que pueden explicar por qué como grupo, al menos en la primera parte de la sesión, nos resultó más difícil lograr un resultado cohesionado y convincente como en sesiones anteriores. La primera parte me dio la sensación de formar parte de un laboratorio, donde todo el mundo experimentaba, pero quizás sin propuestas especialmente firmes que condujesen al grupo hacia una dirección concreta. Eso sí, la paleta de ruidos de todo tipo que surgió (con los instrumentos y con la voz) fue realmente amplia, pero tal vez se quedó en un "escaparate" y no terminamos de apostar por unos elementos en concreto.

Otro factor a tener en cuenta fue la iniciativa de S. de comenzar proponiendo armonías al piano. Fue muy valiente de su parte comenzar directamente al teclado y propuso secuencias de acordes muy bellas. Seguí mis ganas de acercarme y realizar motivos melódicos en el otro piano, escuchando con atención las armonías. El reto, para mí y creo que para el resto, fue que no había un patrón predecible en esta secuencia, una regularidad que nos hubiese proporcionado seguridad para comenzar a construir juntos, más aún teniendo en cuenta que era la primera improvisación del día.

A pesar de la eliminación deliberada de la percusión, nos fue imposible huir de la pulsación y la métrica. Encontramos en la percusión vocal una alternativa: desde chasquidos de lengua hasta onomatopeyas con la voz.

Hacia la mitad de la improvisación, pudimos experimentar de nuevo una fluidez y conexión comparable a la de encuentros anteriores.

Exceptuando las dificultades del comienzo, considero que el grado de experimentación y riesgo del grupo va en aumento, y que se procura deliberadamente proponer estilos que hasta entonces no han surgido, como el "tumbao" cubano de la sesión final o las canciones folklóricas en ambas sesiones. Destacaría también la mayor presencia de la palabra cantada en ambas sesiones. La complicidad y el humor nos ayudó a la hora de incorporar la palabra sin tanto recelo, acompañada también por el movimiento y el teatro, como en el relato musical alrededor de una hoguera de un campamento.

He percibido un alto nivel de implicación de todo el grupo, y un mayor grado de contacto visual. Me ha sorprendido la mayor utilización de la voz y también la palabra por parte de T. También me ha sorprendido cómo D. ha estado más pendiente de todos, o su mirada ha estado más presente, y ha realizado ingeniosas propuestas con mucha espontaneidad. Ya comenté la valentía de S. para romper el hielo de la primera improvisación con el teclado, un instrumento que no utiliza con frecuencia. K. se arriesgó en varios momentos y mostró su lado más divertido, por ejemplo al comenzar a incorporar la voz en un momento musical que estaba tomando la forma de una jota, y cuando en ese momento de corro, K. nos provocó a todos bailando en el centro del círculo, sacudiendo el trasero. Me dio la sensación de que todos estábamos retándonos a nosotros mismos a salir de nuestra zona de confort. Se percibía el compromiso de cada uno, todo ello sin sacrificar el respeto y la escucha del otro/s.

Recuerdo el momento en que nuestra tutora se acercó a T. y a mí cuando estábamos cantando un dúo, percutiendo con decisión el tambor y posteriormente se acercó a otros también, con una mirada un tanto desafiante. Nos preguntó en el coloquio posterior si nos molestó. Realmente sentí ese gesto como una intervención teatral, y pensé que con el ritmo al tambor nos animaba a subir en dinámica, pero no lo sentí como una invasión, más bien como un gesto de "facilitadora" para provocar un cambio. Sí me hubiese sorprendido mucho más si esto mismo lo hubiese hecho otro miembro del grupo.

Destaco también que ha habido muchos momentos en los que hemos estado todos claramente implicados en una misma idea: en círculo en torno al piano, en círculo en torno a la "hoguera" imaginaria, e incluso a la hora de comentar la primera improvisación nos quedamos todos de pie en círculo.

No puedo dejar de comentar el conflicto que se hizo patente entre K. y B. La verdad es que yo no percibí ningún indicio de esto en las sesiones. Sabía del desencuentro que había habido entre ellos en una actividad anterior, pero pensé que ese tema había quedado atrás. Puede ser verdad que B. no conecte con K. con la facilidad con la que conecta con otros miembros del grupo. Ya he comentado otras veces que B. es de las primeras personas del grupo que recoge y amplía ideas de los demás, incluyendo las mías. K. es consciente de esto y posiblemente le frustre el hecho de que B. no le "ayude" cuando es él quien hace el esfuerzo de proponer. Curiosamente en los primeros encuentros K. era de las personas con las que más me costó conectar, pero desde hace un par de encuentros podría decir que es de los miembros del grupo que siento más pendiente de mis propuestas y siento su apoyo cuando intervengo.

Fue incómodo, pero considero que forma parte de nuestro aprendizaje enfrentarnos a estas situaciones que pueden ocurrir cuando trabajamos con grupos. Siento de veras que esto fuera el último episodio de este estupendo encuentro. Confío en que se suavice el tema y que no afecte o afecte lo menos posible a posteriores encuentros.

En estas sesiones prácticamente no empleé instrumentos de percusión, ni siquiera en la improvisación final, a pesar de la restricción inicial. Empleé instrumentos de láminas ocasionalmente, el piano en varios momentos, y empleé la voz en mayor grado que en otros encuentros, acompañado a menudo por la percusión corporal.

Me sentí con mucha libertad tocando la flauta de pico en la sesión final. Disfruté improvisando, jugando con las notas del leitmotiv (Do#, Re, Sol, Fa#, Fa), que luego explicaré.

He recibido con agrado los momentos teatrales que han surgido y que disfruto enormemente. Sí es verdad que en estos momentos siento una tendencia a querer incorporar algún elemento musical, no dejar la "escena" desprovista de música durante demasiado tiempo. Tal vez tengo un temor a que se "desaproveche" la ocasión de buscarle a la música su sitio, pase lo que pase.

Me siento muy cómodo en el grupo, me siento respetado, y esto me da mucha libertad para atreverme a proponer. Uno de mis retos había sido incorporar alguna propuesta de sesiones anteriores en este encuentro. Una de estas propuestas que tenía anotada era el motivo (Do#, Re, Sol, Fa#, Fa) que propuso B. en el pasado encuentro y que dio bastante juego. ¡Cuál fue mi sorpresa cuando el propio B. nos recordó ese motivo en la primera improvisación! Se me iluminó la cara, según me comentó B. A sabiendas, B. dejó caer de nuevo ese motivo al piano y lo aproveché para tocar con la flauta de pico. Me sentí muy libre con el instrumento, disfrutando de los sonidos, incluso cuando no todo era preciso o afinado, dejando que evolucionaran las ideas, sin filtrarlas demasiado, e incorporando algo de humor en este episodio. La atmósfera armónica que me proporcionó B. al teclado me ayudó mucho y las sonrisas de todos.

Me alegré de las oportunidades para incorporar la palabra y continuar trabajando lo que ya desarrollamos en el cuento sonoro del encuentro anterior. Algunas de estas oportunidades fueron: un momento de teatro musical donde cantábamos sobre un lugar “dentro de nosotros” donde se cumplen los sueños, la jota, y en la sesión final, el cuento del campamento y el oso. Me propuse intervenir sin esperar a tener algo “perfecto” (por ejemplo, en cuanto a acentuación), porque esa búsqueda de precisión implica un tiempo del que no se dispone… el momento para continuar la historia no puede esperar demasiado. Me sentí bien recurriendo al humor, y me ayudó a permitirme propuestas “imprecisas” (con repeticiones de palabras o acentos no siempre acordes con la música).

Se me ocurren ideas para explorar en futuras sesiones, por ejemplo, historias narradas o cantadas en un lenguaje imaginario, realizar algún “juego” musical (poder transmitir unas reglas, por sencillas que sean, sin palabras y sin que ni siquiera se haya planteado la idea de un juego previamente), inventar y emplear de alguna manera motivos sencillos para cada uno de los miembros del grupo (partiendo de algo tan sencillo como las sílabas del nombre y su acentuación, entre otros aspectos)…

Fue un placer escuchar la diversidad de historias y conversaciones de los compañeros. Cada uno le dio su giro particular a la tarea, y además nos mostró algo más de sí mismo, como la pasión por los videojuegos de L., la valentía de B. a la hora de compartir un tema íntimo de forma dramática como el de los terrores nocturnos, la gran habilidad narrativa de S., el sentido del humor de D. que no siempre nos muestra... En todos los casos pude comprobar cómo una elección cuidada de acordes (y su interpretación: dinámicas, registro, densidad de notas, etc.) tiene un impacto enorme sobre las emociones que acompañan al texto. En el caso del relato que aportó K. sentí claramente que una ilustración visual sobraba al lado de un acompañamiento instrumental convincente.

Séptima sesión: marzo

No partimos de consignas previas en ninguna de las improvisaciones a lo largo de la mañana. Si bien, como es habitual, siguió habiendo una tendencia a crear episodios tonales y con un pulso claro, también nos recreamos en la atonalidad y el ritmo libre. Exploramos una amplia variedad de estilos, desde el flamenco hasta el rap. Sentí una fuerte cohesión del grupo y fluidez de ideas la mayor parte del tiempo: las propuestas se recogían con bastante inmediatez. Alcanzamos, en la primera sesión, un nivel de dinámica y energía mayor que en ninguna de las sesiones anteriores, explorando nuevos límites. La palabra, hablada y cantada, también tuvo mayor presencia, dando lugar a varios momentos de dramatización.

Cabe destacar la generosidad de todos los miembros del grupo. Todos en algún momento decidimos tomar la iniciativa y presentar una propuesta clara que fue recogida por el resto del grupo. Todos estábamos dispuestos a tomar riesgos, y además, dado el clima de confianza en el grupo, no sentíamos que aportar, compartir algo diferente, supusiera un acto tan arriesgado como en sesiones anteriores. Esa entrega y decisión se combinaba también con un alto grado de atención hacia los demás. Esto no significa que hubiese una única conversación dentro del grupo, compartida el grupo entero en todo momento. Como en encuentros anteriores, en varios momentos se generaron subgrupos temporales, conversaciones paralelas, dentro de una atmósfera común.

El estar pendientes de los demás y el construir sobre nuevas ideas no estaba reñido con la espontaneidad a la hora de contribuir uno mismo con algo nuevo. Todos tuvimos momentos de protagonismo (D. particularmente con el saxofón, T. con la voz e incluso proponiendo un juego con gestos, S. con múltiples iniciativas claras incorporando también la voz en ocasiones, además de K. y B., que ya en encuentros anteriores lideraron muchos de los episodios y transiciones). Mi percepción era que todos nos sentíamos cómodos: las miradas reflejaban atención pero sin tensión, y disfrutábamos de lo que acontecía. El contacto visual es mucho mayor que lo que recuerdo de nuestros primeros encuentros, y las sonrisas se suman con mayor frecuencia.

Empleé instrumentos de percusión, melódicos y el teclado, disfrutando tanto de los roles de liderazgo, protagonismo compartido, apoyo o sencillamente la escucha. Me dejé llevar a la hora de acompañar la participación con el movimiento corporal, especialmente en los momentos de mayor nivel de energía en las sesiones.

Disfruté empleando la flauta de pico, como en otras ocasiones, y en un momento en que la música parecía hacerse más cromática desde las intervenciones al teclado y en la melódica, decidí quedarme únicamente con la boquilla para poder integrarme mejor en la atmósfera, jugando con glissandos en el mismo instrumento. Los demás "vientos" (oboe, flauta, saxo…), se unieron a esta idea, junto con las voces del grupo: una divertida conversación de pájaros. En este y otros momentos me di cuenta de que de alguna forma u otra, había una conexión con todos los compañeros y compañeras.

Me resultó especialmente divertido utilizar la voz, explorando distintos registros y estilos, cantando, narrando y añadiendo efectos dramáticos. Nunca habría previsto poner voces de "muñeco diabólico" en un episodio como el "circo de la realidad", ¡ni recuerdo ocasiones anteriores en mi vida en las que utilizara la voz así! La sesión de improvisación libre se convierte para mí en muchas ocasiones en un espacio seguro para disfrutar experimentando, donde a veces yo mismo me sorprendo.

A principios del curso, cuando se nos introdujo la idea de musicoterapia de grupo, recuerdo que se nos presentó una lista de elementos que podían tener lugar en la sesión, incluyendo elementos no estrictamente musicales como el movimiento, la danza o el teatro. En su momento, no terminaba de ver cómo podía confluir todo eso en la sesión, sobre todo si no había una consigna previa. Después de sesiones como la de este encuentro me doy cuenta de que el movimiento y la teatralidad pueden surgir espontáneamente si hay un clima de libertad que lo propicie, permitiendo que la música y otras formas de expresión se alimenten mutuamente. Uno de mis retos para este encuentro fue precisamente explorar la palabra, y me resultó muy divertido jugar a inventar un lenguaje, declamando y comunicándome con otros sin preocuparme de contenidos semánticos precisos, algo que pude experimentar en la primera improvisación. En este momento y en otros, como el “circo de los horrores” de la improvisación final, me sentí con libertad para explorar, y me sentí muy arropado por el grupo.

El reto de los motivos asociados a cada miembro del grupo me resultó una propuesta compleja para llevar a cabo. En un momento dado, (asociado al momento del OVNI y posibles extraterrestres visitándonos), me comuniqué con los demás cantando/diciendo únicamente las vocales de sus nombres. Algunos comprendieron el “juego”, pero creo que no terminó de quedar claro. Tal y como me propuso la tutora, me parece muy interesante el procurar “preparar” al grupo en relación a esta idea, tal vez enviándoles por e-mail un motivo personal a cada uno, que luego puedan reconocer, respondiendo de alguna forma a la “llamada”.

Como he comentado, algo interesante para probar sería preparar previamente un momento de la sesión, dando una información con antelación a los miembros del grupo. A modo de juego y hasta dotándolo de un carácter enigmático… puedo enviar a cada uno de mis compañeros una idea musical por mail, para que la tengan presente en la sesión y la reconozcan en un momento dado (un motivo que puedan reconocer a lo largo de la sesión y que les invite a participar de alguna manera… ¿continuando una historia o canción?).

Octava sesión: abril

Todo lo que hemos ido compartiendo en estas sesiones nos ha convertido en un grupo cohesionado, donde lo que realmente surge de forma espontánea llega a sonar como si fuese el resultado de ensayos previos. La atención e implicación de todos se percibía no solo en las miradas, sino especialmente en el momento en que alguien lanzaba una nueva idea: con inmediatez la nueva idea tenía repercusiones en las intervenciones de los demás, nos “contagiábamos” rápido de las ideas de los demás, reaccionábamos ante las mismas, sin que esto significara perder nuestra identidad. Un ejemplo de ello es precisamente el último episodio de la mañana:

- B. de repente coge la plancha-maraca y lo considera un premio que regala a T.
- En el momento que T. lo coge siento que debe haber música de concurso acompañando esta “entrega” y me pongo al teclado

- T. se convierte en una gran actriz de musical y expresa cómo estuvo esperando este momento “toda la vida”…
- Nos vamos pasando la plancha, cantamos las virtudes de la plancha, bailamos de alegría y logramos, sin haberlo planificado, ¡un emocionante clímax!

La voz y la palabra tuvieron más presencia, tal vez porque éramos conscientes de que era un área que requiere trabajo por nuestra parte, y estamos todos comprometidos con nuestro propio proceso de desarrollo. Hay tal vez una mayor búsqueda de estructura dentro de las sesiones: hay motivos o temas en los textos (“reina mora” en la primera sesión) que surgen en varios momentos, con el fin de lograr coherencia dentro de la sesión, a pesar de la multiplicidad de ideas a lo largo de una hora de improvisación libre. La idea de pensar previamente en una sucesión de “escenas” en la sesión final (playa, funeral, boda…) nos ayudó a conseguir esa coherencia y se convirtió en un motor de ideas musicales y verbales.

Destaco los múltiples momentos de inquietud y misterio (disonancias y semitonos al principio de la sesión con gritos de terror), que se equilibran con momentos expresivos y nostálgicos (episodio “reina mora” que nace de escalas exóticas en la primera sesión; vals “sal a bailar”; “la playa”), y otros más enérgicos con alegría desbordante (“Necesitabas esa plancha” en el episodio final).

El grupo en su conjunto se mostró comprometido con las sesiones, implicándose de forma activa. Cada uno de nosotros tomó la iniciativa en distintos momentos. El humor tuvo un papel protagonista en muchos momentos, pero sin restar seriedad al “trabajo” del grupo. L. compartió con todos que no pasaba por su mejor momento anímico, y esto en cierta manera se reflejó en la sesión: no compartió su facilidad verbal y ocurrencias cómicas con tanta frecuencia como otras veces, por ejemplo, pero siguió siendo una pieza fundamental del grupo. En general percibí una mayor naturalidad y espontaneidad en las intervenciones de todos. Me sorprendió por ejemplo la intervención final de T., muy expresiva, aprovechando el potencial de su voz y acompañando su mensaje también con la expresión corporal.

Procuré hacer un mayor uso de la voz cantada, con texto, a modo de trabajo personal. Procuré dejarme llevar a nivel corporal por el contenido musical. Al igual que en encuentros anteriores la textura musical me "invitaba" a cantar una melodía, en la primera sesión el contenido musical me "invitó" no sólo a cantar "sal a bailar", sino a realmente a sacar a bailar al resto del grupo, empezando por L., que en ese momento no estaba tocando. Por supuesto, se trata de una iniciativa que me hubiese resultado más arriesgada en encuentros anteriores, donde el nivel de confianza y complicidad no era el actual.

Los instrumentos siguen siendo los mismos, pero continúa nuestro espíritu explorador y conseguimos encontrar nuevas posibilidades con las mismas fuentes sonoras. Destaco el divertido momento de "disparos" musicales entre B. y K., como si de cañones se tratase en la primera improvisación. Un ejemplo curioso personal me ocurrió con el carillón, que tantas otras veces he utilizado para crear melodías o añadir efectos. En esta ocasión comencé a tocar el carillón sin ánimo de realizar una melodía, sino tocando de forma alternada láminas "blancas" y "negras", subiendo y bajando por el registro del instrumento de forma relativamente aleatoria. Mi idea era crear una especie de "colchón" no tonal, como soporte a lo que estaba aconteciendo, sin proponerme destacar. Curiosamente, T. le dio importancia a lo que ocurría en el carillón y se dirigió a mí, comentando explícitamente que lo que estaba haciendo "sonaba a ejercicios". A partir de ahí reforcé la idea de "mecanicidad" acompañándome con una voz de robot, y la idea de juguetes mecánicos impregnó todo el grupo, desembocando, de nuevo de forma muy orgánica, en episodios representando juguetes, y el juego liderado por B. "reclamando el derecho a jugar", invitándonos a realizar las acciones que proponía. En ocasiones, lanzamos una idea, convencidos de su potencial para conducir a los demás… y lo podemos conseguir o no. En otras ocasiones, podemos aportar algo a modo de "soporte" que acaba resultando la raíz de los siguientes acontecimientos musicales.

El reto de emplear motivos musicales asignados a cada uno de mis compañeros fue logrado en parte. Mi idea era emplearlos en algún momento donde estuviésemos construyendo algún tipo de relato, e invitar con el motivo a que alguien continuase. Durante el relato de la "reina mora", propuse que uno de los espejismos fuese propuesto por K., pero no reconoció el motivo, y posteriormente S. (reconoció su motivo e intervino). Alguien propuso el personaje del "capitán" en esta historia y "nominé" a B. para el papel a través de su motivo. En la segunda sesión, en la escena del funeral, pensé en utilizar motivos para invitar a los compañeros a decir algunas palabras. Invité a la tutora a intervenir, ¡pero D. tomó la iniciativa en ese momento! Fuera del contexto de los "relatos", nombré a L. y a T., pero creo que no reconocieron el motivo. Saco algunas conclusiones sobre las dificultades de este "juego":

- El motivo a veces tendía a fundirse en la textura musical, sin que llamase la atención de sus destinatarios.
- Estamos todos concentrados en los eventos musicales de ese momento preciso y no nos llama la atención esa señal.
- No di instrucciones verbales explícitas de que alguien fuese a ser "llamado" para intervenir.

Un nuevo reto, que surgió en el momento, fue el de llevar a cabo en la sesión final la idea propuesta de crear "escenas" que nos pudiesen inspirar a la hora de crear un relato. Me convenció esta propuesta, pero al ver que transcurría la sesión y no surgían iniciativas relacionadas con ella decidí proponer elementos y conducir algunas de las transiciones de una escena a otra. Me resultó muy divertido cambiar de "personajes". A veces sentía, y yo mismo en ocasiones lo propicié, que el relato no terminaba de avanzar porque irrumpían elementos cómicos, pero también el humor y lo absurdo nos ayudaron a sentirnos más cómodos a la hora de aplicar textos.

Me sorprendió muy gratamente la respuesta de T. cuando recogió su premio-plancha. Me impactó su expresividad y me hizo sonreír. Me recordó a algunos anuncios de televisión donde venden con gran entusiasmo artículos de dudosa utilidad. Todos nos fuimos pasando la plancha y nos implicamos al cien por cien a la hora de expresar a través de la música, con nuestra voz y nuestro cuerpo, que, sin lugar a dudas, "necesitábamos esa plancha". Para mí, este "musical", será uno de los momentos a recordar de este proceso, un momento de estado de flujo, de unión del grupo, de dejarnos llevar por la alegría de poder jugar a convertir esa plancha, "cualquier cosa", en lo más importante de nuestras vidas en ese preciso momento.

Como reto para la siguiente sesión me planteo seguir trabajando en la construcción de historias, la búsqueda de estructura cuando empleamos la palabra, intentando tal vez prescindir en algún momento del elemento cómico. Me planteo también sacar algo más de partido a los motivos musicales "personalizados", e incluso explorar de qué manera pueden derivar en otras ideas en el grupo, sin limitarse a ser una "llamada".

Novena sesión: mayo

(Esta reflexión está dirigida a una de las compañeras del grupo)

Querida T.,

Me ha tocado dirigirte a ti estas reflexiones. Qué casualidad, ¿verdad?, siendo tú probablemente la compañera del grupo con quien más he tenido ocasión de compartir fuera de los fines de semana del máster, en las prácticas del hospital, en las prácticas de "Sonamos"... ¡todo un lujo de compañera!

Desde el principio de estas sesiones me resultó fácil y agradable interactuar contigo. He admirado y admiro tu calidad como músico. Cada intervención tuya me daba ganas de arrimarme, de escuchar con detenimiento e incluso de poder formar parte de esa música de alguna manera. Ahora bien, diría que en esas primeras fases tu "voz" era la de tu instrumento principal, y tus intervenciones tal vez tendían a ser más comedidas, como no queriendo hacerte demasiado presente en el paisaje, tal vez no queriendo "faltar al respeto" con una excesiva participación, o al menos esas han sido mis percepciones. En cualquier caso, desde los primeros momentos me he sentido "acogido", bienvenido, cuando me unía a tus propuestas. De igual forma, me he sentido escuchado por ti, respaldado, cuando yo realizaba una propuesta.

He aprendido mucho contigo, compartiendo nuestra evolución a lo largo de este proceso. Me sigue asombrando tu musicalidad, la belleza de tu sonido, me encanta cómo cuidas la calidad de todas tus intervenciones (no sólo las instrumentales, sino también las vocales). Para mí tu delicadeza es un ejemplo del que aprender y sigue estando ahí, pero ahora no hay ese miedo o reticencia a traspasar fronteras. En esta sesión en particular, destaco ese momento teatral de pasarnos "aire" entre nosotros (globo, humo, etc.) y esos intercambios más "descarados" que tuviste con B., jugando a "faltar el respeto", a cruzar esos límites, siempre con cariño y humor, pero desde luego algo que mostraba el grado de confianza y complicidad que existe ahora en el grupo.

¡Qué rápido se me pasó una hora entera de improvisación al principio de la mañana! ¡Qué variedad de paisajes! Desde esa "obertura" intrigante llena de movimientos cromáticos, dando paso a un momento de blues, momentos "tribales" de gran descarga de energía centrándonos en la percusión, el juego polirrítmico con percusión corporal y los SALTOS como acentos, pasando por momentos más melódicos, como la visita de la "Reina mora" y sus escalas exóticas. Ya tenemos una HISTORIA como grupo, tenemos recuerdos, tenemos pasado, y eso nos une. Todos estábamos implicados, con nuestra escucha, el contacto visual, y todos teníamos el compromiso de aportar, pero siempre desde el disfrute y sin renunciar a nuestra propia personalidad.

En esta sesión (y realmente en todas las otras sesiones), me ha encantado cómo has empleado la flauta para transmitir todo un abanico de emociones, desde la intriga y misterio de pasajes cromáticos, hasta la alegría e inocencia de un niño en pasajes llenos de gracia, pasando por alucinantes episodios donde empleabas "el aire", el soplo, como elementos protagonistas sin llegar a producir sonidos de afinación determinada (¡toda una flautista contemporánea!)... pero también incorporando contracantos, notas tenidas, motivos breves para puntualizar comentarios de otros compañeros, entre otras maneras de mostrar tu apoyo a las iniciativas de los demás.

La flauta es claramente una parte de ti y una prolongación de tu personalidad o de tu teatralidad (según lo que desees). No obstante, diría que has añadido otras "voces" fundamentales además de la flauta: tu propia voz hablada y cantada, por ejemplo, se ha hecho más presente y libre cada vez, y me ha sorprendido en cada sesión. En esta ocasión en particular, me encantó tu propuesta de la canción "Arriba en la montaña", que lanzaste con enorme expresividad, envolviéndonos a todos, o tu propuesta de "I believe I can fly", acertadísima en ese preciso momento etéreo de la sesión.

El mes pasado tu momento de teatralidad, tu momento de solista en el "musical de la plancha" fue para mí toda una revelación. Tu energía, tu expresión corporal, tus miradas... eran algo tan distinto a lo que veía en ti al principio de este curso... Estabas tan convencida, decidida, y te veía disfrutar tanto, "jugando" musicalmente con esa plancha. Me inspiraste para ponerme al piano y acompañar ese momento, y creo que a todos nos regalaste ese impulso para levantar un telón y dar paso a un acto de "musical de Broadway" que para mí ha sido de los momentos más emocionantes del curso. Me encantó que B. propusiera la melodía de ese motivo principal que surgió el mes pasado ("¡Necesitabas esa plancha!"), que reconocí al instante, como casi todos, dándonos la oportunidad de recordar, recrearnos en ese momento, dejarnos llevar de nuevo por esa energía, antes del cierre de tan mágica sesión.

Esa última sesión fue breve, pero muy especial. Yo la titularía "Epílogo". Sabíamos que era una despedida. Estábamos todos unidos, ya desde esa atmósfera rítmica del principio, en compás dispar, con K. al piano proponiendo atractivas armonías, durante el episodio de "la plancha", cuando acabamos compartiendo todos un mismo instrumento (el gong que nos proporcionó a todos B.), y en el círculo final, simbolizando nuestra unión como equipo.

Aprovecho también para compartir contigo uno de los momentos de aprendizaje personal en este encuentro. Nuestra tutora me propuso el reto de contribuir con una aportación destinada a mí mismo, más que al resto del grupo, un momento de monólogo musical-verbal. Me dejé llevar por una situación en la primera improvisación que me permitió "cantarme". En uno de esos momentos en los que la energía iba creciendo, incrementando todos el volumen con instrumentos de percusión y con la voz, me apeteció expresar el agobio de ese nivel de ruido. Comencé a correr alrededor del grupo tapándome los oídos, como si estuviese intentando escapar de una pesadilla. De repente, la situación me recordó a alguna de esas noches recientes en las que casi no pegué ojo, pues me bombardeaban pensamientos e inquietudes sobre algunas decisiones profesionales que tengo que tomar cuando finalice este curso. ¡Qué casualidad también que justo el día antes estuve compartiendo contigo y con K. estas inquietudes! (Gracias de nuevo por escucharme.) Cuando escenifiqué la caída al suelo y el "despertar", fuiste precisamente tú quien me atendió. Me dirigí al grupo como si fuesen personas extrañas y repetí frases parecidas a las que me digo a mi mismo ("tengo que escucharme a mí mismo para tomar decisiones") y posteriormente, bailando una "cadeneta", pasando por todos vosotros que estabais en círculo, me reconcilié con esos "seres extraños" (¿tal vez mis circunstancias?). Aparentemente fue un momento de teatro cantado, pero el apoyo de todos, vocal e instrumental, me reconfortó.

El cierre final de la mañana fue emocionante, una despedida, un símbolo de la unión entre nosotros que siempre recordaremos. Emocionante también fue también compartir lo que el grupo nos ha aportado. Esta experiencia no hubiese sido la misma sin todos y cada uno de vosotros. De cada uno de vosotros me he llevado algo que nunca olvidaré. T., gracias por tu respeto y por tu apoyo en estas sesiones, por permitirme aprender de tu delicadeza, por regalarme tu sonido, gracias por compartir la belleza de tus intervenciones, con la flauta, con la voz, por tu complicidad, tu sonrisa sincera, tu perspicacia y sentido del humor, GRACIAS por tu amistad dentro y fuera de estas sesiones de improvisación.

2.3 Reflexiones globales en torno al proceso

La siguiente tabla resume algunos de los aspectos más significativos de la evolución del grupo y de la participación del propio autor/investigador:

Tabla 1.
Aspectos significativos de las sesiones de improvisación grupal libre

Sesión	Aspectos significativos de las improvisaciones grupales	Apreciaciones en torno a la participación del investigador
Sesión 1	Exploración de instrumentos. Episodios breves.	Comodidad en el rol de acompañante.
Sesión 2	Ideas melódicas más extensas y desarrolladas	Atención a los momentos de transición. Experimentación del liderazgo: expectativas, iniciativas exitosas y frustradas.
Sesión 3	Mayor cohesión y decisión en el grupo. Más complicidad y contacto visual.	Diálogos significativos con algunos miembros del grupo. Libertad en el uso de la voz.

Sesión	Aspectos significativos de las improvisaciones grupales	Apreciaciones en torno a la participación del investigador
Sesión 4	Humor. Mayor organicidad en las propuestas. Lectura dramática propuesta por un miembro del grupo y episodios derivados.	Conexión con otros miembros del grupo. Ostinatos verbales.
Sesión 5	Mayor grado de experimentación e implicación emocional. Mayor incorporación de elementos teatrales.	Jugar con lo atonal. Reacción ante un compañero inactivo durante la sesión. Mayor experimentación con la voz. "Regalo musical" a los compañeros/as del grupo.
Sesión 6	Cooperación y complicidad creciente. Motivos musicales rescatados de otras sesiones.	Comodidad en el grupo, respeto percibido. Libertad.
Sesión 7	Mayor atención de todos los miembros del grupo, contacto visual, complicidad y compromiso, sin que se perdiese la iniciativa e identidad de cada uno/a.	Incorporación natural del movimiento, danza y teatralidad a la sesión. Elementos espontáneos: juegos con el timbre de la voz. Elementos preparados: inventar un lenguaje imaginario.
Sesión 8	Cohesión y coherencia. Menores tiempos de respuesta. Mayor uso de la voz y la palabra. Episodios que involucran a todo el grupo, estado de flujo. Humor.	Riesgo. Estado de flujo.
Sesión 9	Epílogo – despedida. Evidencias de una historia musical dentro del propio grupo.	Monólogo musical-verbal: aportación destinada a mí mismo. Apoyo del grupo.

Después de una fase inicial exploratoria, a medida que transcurren las sesiones se incrementa la cohesión, complicidad y compromiso dentro del grupo. La propia música evoluciona, dentro de las influencias que marcan nuestra cultura y la historia sonoro-musical de todos y cada uno de los participantes. La capacidad de escucha va en aumento, así como la sensación de seguridad en el grupo, que invita a todos los miembros a asumir riesgos en algún momento. Yo particularmente me voy sintiendo cada vez más cómodo y seguro, encontrando en el grupo un lugar para disfrutar la exploración y experimentación, para el autoconocimiento, comprendiendo paulatinamente mis potencialidades y límites.

Por supuesto, se trata solo de una experiencia y un punto de vista, pero constituyó el punto de partida a la hora de diseñar el programa de improvisación grupal libre que propongo y evalúo en los siguientes apartados. Nuevamente, agradezco a nuestra tutora Alessia Fattorini la ayuda y el ejemplo que nos brindó a lo largo del proceso y a todos y cada uno de mis compañeros del grupo, por todo lo que me aportaron y me enseñaron durante el viaje.

3

Creación y evaluación de un programa de improvisación grupal para músicos: Promoviendo la creatividad y bienestar de los estudiantes del Conservatorio Arturo Soria de Madrid

Teniendo en cuenta los beneficios que como músicos profesionales experimentamos durante el proceso de "Musicoterapia de grupo" relatado en los epígrafes anteriores, consideramos que sería muy conveniente poder trasladar esta vivencia a un conservatorio de música. Esto fue el germen del programa de improvisación grupal creado y puesto en marcha en el Conservatorio Arturo Soria de Madrid.

En primer lugar, se explican los objetivos del programa y se describen, de forma sucinta, algunos proyectos de referencia que también inspiraron la propuesta. Seguidamente, se detalla el contenido de cada una de las sesiones del programa. Finalmente, se evalúa la propuesta, incluyendo observaciones y sintentizando los resultados de un estudio publicado recientemente (Ponce de León & Del Olmo, 2021).

3.1 Objetivos del programa

Además de favorecer el autoconocimiento y bienestar de los alumnos del conservatorio participantes en el programa de improvisación grupal, nuestra meta fue que la experiencia desarrollada y los resultados obtenidos pudieran tener una repercusión en otros centros de formación musical y en el colectivo de músicos en su conjunto. Los objetivos que planteados con el presente trabajo fueron los siguientes:

- Diseñar un programa de musicoterapia de grupo para estudiantes de música que pueda implementarse en otros conservatorios y centros de enseñanza musical
- Analizar los beneficios, tanto educativos como terapéuticos, que la musicoterapia de grupo puede tener para el colectivo de los estudiantes y profesionales de la música
- Acercar la musicoterapia como opción profesional y como modalidad de terapia a músicos profesionales y en formación

3.2 Proyectos de referencia

Se destacan dos proyectos de significativa envergadura y difusión internacional, llevados a cabo por musicoterapeutas que han centrado gran parte de su labor profesional e investigadora en la musicoterapia dirigida a músicos profesionales y en formación. En ambos, la improvisación musical y sus beneficios constituyen un pilar fundamental.

Music Therapy for Musicians / Performance Wellness, Inc. – Louise Montello

El método Music Therapy for Musicians (MTM) (Musicoterapia para músicos), desarrollado por la pianista, psicoanalista y musicoterapeuta Montello en la Universidad de Nueva York, ha sido evaluado en estudios clínicos y difundido a través de seminarios y talleres en todo el mundo. El método integra técnicas cognitivo-conductuales, así como otras propias de la musicoterapia creativa. Según Montello, la improvisación permite al músico acceder a su "inteligencia musical esencial" (EMI, Essential Musical Intelligence), término acuñado por la musicoterapeuta, y que define como la habilidad innata para emplear la música y el sonido como herramienta de transformación y autorreflexión (Montello, 2002). Montello (2016) propone un programa de musicoterapia que tiene como objetivos mitigar la ansiedad, así como facilitar el disfrute y eficacia en la interpretación. La improvisación, como actividad en la musicoterapia de grupo, permite a los estudiantes de música experimentar los roles y relaciones que pueden darse en un contexto musical, invitándoles a vivenciar especialmente aquellos roles que pueden resultar amenazantes y desagradables. Los alumnos pueden aprender a confiar en su inteligencia musical y creatividad, confiando también en sus colegas músicos. Según Montello, la improvisación en grupo empodera a los músicos, ayudándoles a ser más asertivos y a tomar riesgos.

Además del propio método, cabe destacar también cómo Montello difundió su proyecto a usuarios y terapeutas de todo el mundo. A través de la organización sin ánimo de lucro "Performance Wellness, Inc." y su página web, se han ofrecido talleres dirigidos específicamente a músicos, profesores y enfermeros, así como un programa de formación para musicoterapeutas estructurado en tres niveles, con el fin de ayudar a músicos a detectar y tratar posibles trastornos relacionados con la interpretación musical.

Seabrook Music Therapy / Performing Wellness – Deborah Seabrook

Seabrook, musicoterapeuta afincada en Canadá, también ofrece sesiones presenciales y "en línea" específicamente dirigidas a músicos. En su propia página web (https://www.deborahseabrook.com) enumera varias áreas en las que puede ayudar a usuarios potenciales, entre las que destacamos las siguientes: ansiedad escénica, ansiedad durante el estudio del instrumento, sensación de desconexión de la creatividad de uno mismo, sensación de ser un impostor, sensación de haber perdido la alegría de hacer música, sensación de estar atascado, mejorar la relación con nuestro instrumento principal, perfeccionismo, y el deseo de tocar con mayor autenticidad.

Destaca su proyecto "Performing Wellness", donde Seabrook (2017) exploró la relación entre la improvisación en musicoterapia y en el contexto de un concierto. Una parte significativa del estudio realizado consistió en la preparación de un concierto donde invitaba al público a escuchar de otra manera, atendiendo no tanto a la musicalidad de las obras o las habilidades del intérprete, sino al mensaje que alberga la música y a la persona que se encontraba dentro de la música. En una de las piezas, "Rogerian Piece No.2: Empathy" los intérpretes improvisaban mostrando empatía el uno hacia el otro, representando a través de la música una de las cualidades que el psicoterapeuta Carl Rogers considera esencial en todo terapeuta. Para otra de las piezas, "Sounding the Emotional Aesthetic Environment" ("Haciendo sonar el entorno emocional estético"), se pidió previamente al público que propusiese emociones escribiéndolas en trozos de papel. Se seleccionaron cinco de éstas para realizar improvisaciones grupales en el escenario. En "Life is…" los músicos improvisaron en torno a temas musicales que habían sido creados por pacientes en sesiones de musicoterapia.

Además de la reflexión que Seabrook nos invita a hacer sobre la improvisación clínica y su relación con otras modalidades de improvisación, estamos ante un proyecto que permite a los músicos participantes plantearse nuevos objetivos en la interpretación ante un público y que propone al público otras maneras de escuchar lo que sucede en un escenario. De esta manera, un concierto se convierte en una actividad terapéutica para músicos y oyentes, y una actividad que acerca la musicoterapia como disciplina a los participantes a ambos lados del escenario.

3.3 Descripción del programa

En este apartado se describe el programa de musicoterapia de improvisación creado para estudiantes de los últimos cursos de las Enseñanzas Profesionales cursadas en conservatorios de música.

El programa fue implementado en el Conservatorio Profesional de Música Arturo Soria de Madrid. Constaba de diez sesiones semanales de dos horas de duración cada una. Las horas de participación en el programa podían contabilizar como asistencia a materias optativas.

La experiencia concreta que se analiza a continuación tuvo lugar de septiembre a diciembre de 2019. Participaron voluntariamente nueve alumnos de quinto y sexto curso de Enseñanzas Profesionales, con edades comprendidas entre los 17 y los 20 años, a excepción de una participante jubilada.

El Conservatorio Profesional de Música Arturo Soria ofrece todas las especialidades instrumentales contempladas en la Comunidad de Madrid, incluyendo algunas de reciente creación en los conservatorios como Cante flamenco o Bajo eléctrico. El centro está situado en el distrito de Ciudad Lineal, en la zona norte de la capital, pero recibe alumnos de todo Madrid e incluso de provincias cercanas como Toledo o Segovia. Es el centro de este nivel en la capital que atiende al mayor volumen de alumnado.

Las sesiones tuvieron lugar en el aula N4 del centro (Fig. 1). Además de un ordenador, proyector y equipo de música, el aula contaba con los siguientes instrumentos musicales:

- Piano de media cola
- Piano eléctrico (Clavinova)
- Cajón flamenco
- Instrumentos de láminas (metalófono contralto, xilófono contralto, xilófono soprano)
- Bombo
- Bongós
- Conjunto de "Boomwhackers"
- Cesta de instrumentos africanos de pequeña percusión (djembé, sonajero "yuyu", entre otros)
- Caja de instrumentos de pequeña percusión (pandereta, maracas, carraca, xilófono circular, claves, caja china, entre otros)

Figura 1.
Aula del conservatorio donde se desarrolló el programa

Si bien los participantes en el estudio eran pacientes no clínicos, sin ningún tipo de diagnóstico, todos ellos manifestaron experimentar ansiedad, en mayor o menor medida, ocasionada por factores como la dificultad a la hora de compaginar los estudios de música con los del instituto o universidad, la complejidad de asignaturas específicas del plan de estudios, la preparación de audiciones o la interpretación ante el público. Todo ello concuerda con los problemas y estudios mencionados por autores de referencia en este campo (Dalia, 2004; Zarza, 2012; Pignatelli, 2015; Ballester, 2015). Los participantes se mostraron agradecidos, desde el comienzo del proceso, por la oportunidad de contar con un espacio para la expresión musical libre, para la experimentación, sin estar sometidos a la rigidez de la técnica, y para compartir sus emociones.

Autores como Ladano (2016) y Seabrook (2018) destacan la necesidad de incluir experiencias de improvisación en la formación del músico. Los propios alumnos participantes en el programa, desde las primeras sesiones, coincidieron a la hora de señalar que apenas habían tenido ocasión de improvisar a lo largo de sus estudios musicales, una actividad que consideraban esencial para su formación y desarrollo como músicos.

Todas las sesiones comenzaron con un coloquio inicial, donde podíamos compartir cómo nos sentíamos, cuál era nuestro nivel de energía, o comentar sobre algún acontecimiento significativo reciente. A continuación, abordamos las actividades estructuradas que se detallan para cada sesión, debatiendo sobre ellas posteriormente. Dedicamos posteriormente un espacio a la improvisación grupal libre, finalizando la sesión con un coloquio en torno a la misma y la sesión en su conjunto.

Sesión 1

Comenzamos presentándonos al resto del grupo, compartiendo algo sobre nosotros, por ejemplo, las razones por las que decidimos participar en el programa.

Se le pidió a cada participante que cumplimentase una ficha relativa a su "Historia sonoro-musical". Elaboramos nuestro propio modelo de ficha, adaptada a estudiantes de música, donde podían, por ejemplo, especificar sus preferencias en cuanto a música para la escucha y para tocar con el instrumento de su especialidad en el conservatorio. Este modelo de ficha se incluye como anexo (Anexo 1).

En la actividad "Conciéndonos mejor", debíamos caminar por toda la sala escuchando la música improvisada al piano por el profesor. Debíamos estar atentos a la melodía. El número de sonidos de los motivos melódicos que se sucedían nos indicaba cómo nos debíamos agrupar. Si escuchábamos motivos de dos notas, separados por silencios, debíamos de caminar por parejas. Si escuchábamos motivos de tres sonidos, separados por sonidos, debíamos caminar en grupos de tres, y así sucesivamente. Las agrupaciones podían variar en momentos determinados de la improvisación. En el momento en el que la música parase debíamos buscar a la persona más cercana a nosotros y comentar una de las siguientes cuestiones:

- 1ª pausa: ¿Cuáles son tus expectativas en relación a este programa de musicoterapia?
- 2ª pausa: ¿Puedes compartir algún logro significativo reciente del que te sientas orgulloso?
- 3ª pausa: ¿Cuáles son tus retos para este año?

Al finalizar el ejercio, los estudiantes debían recordar qué habían comentado sus compañeros en las diferentes pausas y compartir estos datos con el resto del grupo.

Realizamos una actividad de exploración de instrumentos inspirada en las propuestas de Gaardstrom (2007). Para cada instrumento seleccionado por el profesor, cada estudiante debía comentar aspectos visuales del instrumento (¿a qué nos puede recordar su forma?) e indicar dos posibles sonidos que se podían obtener del mismo, uno al tocarlo de forma "convencional" y otro al tocarlo de manera "no convencional".

Finalmente, realizamos una improvisación grupal libre, seguida del correspondiente coloquio. De momento, en estas primeras sesiones, ningún participante podía hacer uso del instrumento que estaba cursando en el conservatorio.

Sesión 2

En la actividad "Consigna secreta", uno de los estudiantes desempeñaba el rol de líder. El líder debía salir de la sala mientras el profesor comunicaba al grupo una consigna basada en una palabra clave, por ejemplo "imitar". El líder entraría posteriormente en el aula y se le pediría que improvisase libremente. El resto del grupo debía responder de acuerdo a la consigna secreta, en este caso imitando las propuestas del líder. El líder debería averiguar la consigna y explorar sus sensaciones a lo largo del proceso, compartiendo éstas con el resto del grupo a continuación. Otras posibles consignas eran "exagerar" y "hacer lo contrario".

En la "Cadena de ideas musicales" cada participante debía añadir a la textura un motivo musical con la voz y/o un instrumento a modo de ostinato. Una vez que todos los participantes hubiesen propuesto una idea, el primer participante debía modificar su idea inicial, para comenzar una nueva cadena de propuestas.

Finalizamos la sesión con una improvisación grupal libre, prescindiendo de los instrumentos de nuestras correspondientes especialidades, y el coloquio posterior.

Sesión 3

Exploramos nuestra voz con la actividad "Una vocal, una emoción". Debíamos expresar distintas emociones empleando una sola vocal. ¿Qué emoción podríamos expresar con la "a", por ejemplo? ¿Sorpresa? ¿Dolor? ¿Habernos percatado de algo? Cada vez que un estudiante comparte una propuesta el resto del grupo la repite. De este modo, el grupo valida todas las ideas propuestas, agradeciendo la generosidad y valentía de cada iniciativa, y contribuyendo a un clima de respeto y seguridad.

Traducimos a sonido ideas e imágenes. Comenzamos con una serie de "Palabras cargadas de emoción": en pequeños grupos, los estudiantes debían improvisar un fragmento musical que representase una palabra o idea sugerida por el facilitador (por ejemplo, "pertenencia"). El resto de los participantes debía intentar averiguar qué idea se ha expresado a través de la música. De igual manera, en la actividad "Convertir un cuadro en música" los participantes debían representar con música lo que les sugería un cuadro. Solo después del coloquio posterior con el resto del grupo se mostraría el cuadro a todos los participantes.

De nuevo, finalizamos la sesión con una improvisación grupal libre sin emplear nuestros instrumentos principales junto con el correspondiente coloquio posterior.

Sesión 4

Creamos un "mapa rítmico" en el aula donde habría zonas "rítmicas" y otras "arrítmicas". Un/a estudiante "líder" sale del aula, mientras se explica al resto del grupo la actividad y se concretan las distintas zonas del aula. Cuando el "líder" vuelva a entrar al aula se le invitará a improvisar, moviéndose por el aula. Dependiendo de la zona del aula donde se sitúe el líder (mitad izquierda o mitad derecha), el resto del grupo debe proporcionarle un apoyo rítmico (zona 1: por ejemplo, la mitad izquierda del aula), respetando su pulso, o bien improvisar de forma arrítmica, sin un pulso identificable (zona 2: por ejemplo, la mitad derecha del aula). El "líder" debe averiguar la consigna y comentar su sensación en cada una de las zonas del aula. La zona "rítmica" suele asociarse a sensaciones de apoyo, sentirse escuchado y arropado, mientras que la zona "arrítmica" pueden transmir una sensación de caos o la impresión de que los otros nos hacen el vacío.

Improvisamos un cuento con refuerzo sonoro relacionado con la vida en el conservatorio: Los alumnos sugirieron ideas para un breve relato musical relacionado con la vida en el conservatorio (por ejemplo, los momentos previos a una audición), haciendo hincapié en las emociones y pensamientos del personaje principal y las personas de su entorno. Las ideas fueron anotadas en la pizarra. Posteriormente, los estudiantes construyen el relato por turnos, improvisando todo el grupo un refuerzo sonoro durante el mismo.

Elaborar una narración entre todos puede suponer un reto novedoso. La toma de decisiones se hace aún más compleja al tener que estar pendiente de varias capas simultáneamente: ¿En qué momento de la historia estamos? ¿Qué podría pasar después? ¿Qué podría yo aportar ahora a la historia? ¿Cómo puedo responder musicalmente a lo que está ocurriendo en la historia en este momento? ¿Y a los sonidos y temas que están sonando a mi alrededor?

Además, se añade la dificultad de que una intervención para continuar la historia es una propuesta verbal que tiene un significado muy concreto, en contraposición a una propuesta musical. Por tanto, su efecto en el devenir de los acontecimientos es más directo. Se puede decir que es más arriesgado, porque afecta a la evolución de la historia en sí y al contenido musical que acompaña. Después de pensar en posibles alternativas para la historia, en el momento en que alguien realiza una propuesta, con frecuencia hay que hacer "borrón y cuenta nueva", y pensar en el siguiente eslabón de la cadena a partir de la nueva información.

Finalmente, tuvo lugar una improvisación grupal libre y un coloquio posterior.

Sesión 5

Realizamos un recorrido por nuestros "orígenes" musicales. Inspirándonos en la propuesta de Montello (2016), realizamos una relajación guiada por el facilitador. Después de centrar la atención en nuestra respiración, relajando progresivamente distintas zonas de nuestro cuerpo, comenzamos a invitar a los estudiantes a reflexionar sobre distintos momentos en su "historia musical", procurando mantener la concentración y un estado de relajación. ¿Cómo fueron sus primeros pasos en la música, sus emociones en esos momentos? Pasamos por otras etapas de la formación musical hasta llegar al momento actual. ¿En qué medida nuestros pensamientos y emociones actuales en el conservatorio son distintas a las de ese primer contacto que tuvimos con la música? Después de activar paulatinamente nuestro cuerpo de nuevo y salir poco a poco de ese estado de relajación compartimos nuestras sensaciones y los aspectos más significativos de lo que habíamos visualizado.

Realizamos una improvisación grupal libre y un coloquio posterior.

Sesión 6

Convertimos el suelo en un objeto sonoro interactivo. Un/a estudiante asumiría el rol de "líder" y saldría del aula mientras explicábamos la actividad al resto del grupo. Dibujamos con cinta aislante una retícula en el suelo o una forma geométrica en la que se diferenciasen varias zonas. Cada uno de los cuadrados o zonas, al ser pisados por el "líder" tendría un efecto concreto en el resto de nosotros. Por ejemplo, una "celdilla" concreta haría que un estudiante en particular tocara un instrumento. Pisar otras celdas haría que otros estudiantes tocaran otros instrumentos, cantaran, bailaran, o realizaran varias de estas acciones a la vez. Era necesario especificar qué efecto tenían todas y cada una de las celdas del suelo antes de que entrasen el líder en el aula. Posteriormente invitaríamos al "líder" a explorar ese "instrumento virtual" dibujado en el suelo. El líder lo exploraría, descubriendo su funcionamiento e improvisando con el mismo.

Figura 2
Explorando un instrumento virtual

Comenzamos una actividad de composición (songwriting) en grupo. Teníamos el objetivo de crear una canción para nuestro confort. El primer paso era pedir a los estudiantes que decidieran sobre la temática y elementos clave a incluir en una canción compuesta por ellos que pueda proporcionarles "refugio" en una situación emocionalmente difícil. Anotamos ideas clave en la pizarra y escogimos varias de ellas antes de desarrollar un estribillo y varias estrofas. En la sesión siguiente continuaríamos el proceso de creación.

Por vez primera en el proceso permitimos el uso de todos los instrumentos, incluyendo los de nuestra especialidad en el conservatorio, en la improvisación grupal libre. En el coloquio posterior se puso de relieve como esta novedad había supuesto un cierto "retroceso" en el proceso. La utilización de los nuestros instrumentos principales generaron sensaciones de responsabilidad, juicio y preocupaciones en torno al resultado musical que habían estado ausentes en sesiones anteriores. Se ponía de evidencia el reto de improvisar con la misma libertad de sesiones anteriores, aun cuando empleásemos "nuestros" instrumentos.

Sesión 7

Continuamos con la composición de una canción para nuestro confort. Habría múltiples posibilidades a la hora de completar el proceso. En nuestro caso, optamos por inventar entre todos una melodía para el estribillo. Posteriormente, interpretamos la melodía, intercalando las correspondientes estrofas, aplicándoles una melodía en el momento y añadiendo el profesor armonías al piano sobre la marcha.

En la improvisación libre se pudieron utilizar todos los instrumentos. El coloquio posterior constituyó el cierre de la sesión.

Sesión 8

Comenzamos con una improvisación en la que transitaríamos entre varias "escenas musicales" previamente acordadas. Los estudiantes comenzarían sugiriendo distintas escenas, anotadas en la pizarra, que serían representadas a través de la música (por ejemplo, "viaje en tren", "casa de campo", "anochecer", etc.). Los alumnos posteriormente improvisarían libremente inspirados por la secuencia de escenas establecida.

Realizamos una improvisación grupal libre sin restricción de instrumentos seguida del correspondiente coloquio.

Sesión 9

Comenzamos con una improvisación semiestructurada que nos permitiría explorar y "reinventar" nuestro repertorio al instrumento. Un estudiante debía sugerir una obra que estuviese trabajando con su instrumento principal. La debía interpretar varias veces, improvisando variaciones sobre la misma si así lo deseaba, introduciendo errores deliberados si lo consideraba oportuno. El resto del grupo improvisaría simultáneamente sobre la propuesta. La experiencia se repetiría con otros estudiantes y obras de su repertorio que hubiesen escogido para la sesión.

Continuamos con la improvisación grupal libre, sin restricción de instrumentos, y el coloquio posterior a modo de cierre.

Sesión 10

En esta sesión final recordamos nuestro proceso y la evolución del grupo a lo largo de las sesiones. Visualizamos algunos fragmentos de vídeo de las sesiones anteriores, comentando sobre el proceso que cada uno habíamos experimentado.

Cerramos el proceso con una improvisación grupal libre y un coloquio posterior.

Figura 3
Instante de una improvisación grupal libre

Síntesis de sesiones de improvisación

En la siguiente tabla reflejamos de forma resumida las actividades realizadas a lo largo de las diez sesiones del proceso.

Tabla 2
Síntesis de sesiones de improvisación

Sesión	Actividades
1	Nuestra historia sonoro-musical (ficha, anexo 1) Conociéndonos mejor: escucha activa Explorando instrumentos musicales: explorar el aspecto visual, formas de tocar convencional vs. no convencional, etc. Improvisación grupal libre
2	Consigna secreta: Imitar, exagerar, hacer lo contrario, etc. Cadena de ideas musicales: añadir ideas a la textura musical Improvisación grupal libre
3	Traducimos a sonido: "Palabras cargadas de emoción", "Convertir un cuadro en música" Explorando la voz: "Una vocal, una emoción". Expresamos distintas emociones empleando una sola vocal. Improvisación grupal libre

Sesión	Actividades
4	Mapa rítmico del aula: zonas rítmicas y arrítmicas. Improvisación de un cuento con refuerzo sonoro relacionado con la vida en el conservatorio. Improvisación grupal libre
5	Un recorrido por nuestros “orígenes” musicales: Actividad de relajación y visualización guiada Improvisación grupal libre
6	Suelo sonoro interactivo: Creamos un “instrumento virtual” Songwriting (I) – Componemos juntos una canción para nuestro confort: elección de temática, elementos y creación de la letra (estribillo, estrofas). Decisiones en torno a la temática y la letra. Improvisación grupal libre
7	Songwriting (II) – Una canción para nuestro confort (música y versión final): los alumnos inventan en equipo una melodía para la letra previamente compuesta Improvisación grupal libre
8	Transitando entre escenas musicales: los participantes sugieren distintas escenas que serán representadas a través de la música improvisada posteriormente (por ejemplo, “viaje en tren”, “casa de campo”, “anochecer”, etc.) Improvisación grupal libre
9	Explorando y reinventando nuestro repertorio al instrumento (con el apoyo del resto del grupo) Improvisación grupal libre
10	Recordando el proceso: visualización y debate en torno a fragmentos de las sesiones anteriores Improvisación grupal libre

3.4 Evaluación del programa

Beneficios percibidos

Bajo la supervisión de María Jesús del Olmo, realizamos un estudio de las percepciones de los participantes. Mediante entrevistas semiestructuradas a la totalidad de los participantes y la ayuda de un cuestionario de preguntas cerradas diseñado *ad hoc* para el estudio, pudimos profundizar en los beneficios educativos y terapéuticos del programa desde el punto de vista de los propios estudiantes. En este epígrafe destacamos solo algunos de los resultados más significativos del estudio publicado en la *Revista Electrónica Complutense de Investigación en Educación Musical* (Ponce de León y Del Olmo, 2021).

La siguiente tabla muestra las puntuaciones medias de cada uno de los ítems del cuestionario relacionados cada uno de ellos con objetivos planteados para el programa. Una puntuación de 5 indica que el participante está "totalmente de acuerdo" con el ítem propuesto, mientras que 1 indica "totalmente en desacuerdo".

Tabla 3

Percepciones de los participantes sobre los ámbitos en los que el programa les resultó de ayuda (Ponce de León y Del Olmo, 2021)

	Valor Medio (1-5)	**Desviación estándar**
Las sesiones de musicoterapia me han ayudado a…		
1.Conseguir un estado de mayor bienestar	3,75	0,707
2.Conocerme mejor	4,13	0,835
3.Relacionarme con mis compañeros de grupo	4,50	0,535
4.Incrementar mi capacidad de escucha	4,34	0,744
5.Aumentar mi grado de motivación hacia los estudios de Música	4,00	0,756
6.Disfrutar más de la interpretación con mi instrumento principal	3,88	0,641
7.Disfrutar más de la música en general	4,63	0,518
8.Rebajar mi nivel de ansiedad	3,75	1,035
9.Desarrollar mi creatividad	3,75	0,707
Recomendaría a otros alumnos de conservatorios de música participar en este programa de musicoterapia	5,00	0

Pudimos observar dos ámbitos en los que todos los participantes coincidieron a la hora de percibir que el programa les había resultado de ayuda: a la hora de favorecer la relación con los compañeros de grupo, así como a la hora de favorecer el disfrute a través de la música en general. El incremento en la capacidad de escucha y el autoconocimiento fueron las siguientes áreas donde los beneficios se percibieron con mayor claridad por parte del alumnado participante.

El análisis de las transcripciones de las entrevistas a los participantes permitió también señalar varias categorías relacionadas con los ámbitos en los que el programa había sido percibido como beneficioso. Enumeramos estas categorías en la tabla y diagrama que figuran a continuación:

Tabla 4

Categorías emergentes del análisis de las entrevistas relacionadas con los beneficios del programa (Ponce de León y Del Olmo, 2021)

Ámbitos en los que el programa ha sido considerado de ayuda
Beneficios: Áreas intrapersonales **Beneficios sobre los participantes mismos como individuos**
Relajación y eliminación de tensión en las sesiones
La sesión como momento de evasión
Mejora de la autoestima
Autosuperación, afrontamiento de nuevos retos y riesgos
Autoconocimiento
Favorece la motivación hacia la música
Aprendizaje sobre la Musicoterapia como disciplina
Beneficios: Áreas de acción **Beneficios que implican la presencia del grupo y el papel del participante como emisor**
Vencimiento de miedos e inseguridades
Desinhibición, vencimiento de la vergüenza y timidez
Favorece la expresión de las emociones
Favorece la expresión libre y creativa
Beneficios: Áreas de recepción **Evolución del conocimiento y actitud del participante como receptor en relación con su entorno**
Aumenta la capacidad de escucha
Ayuda a conocer mejor a los compañeros del grupo
Apertura a otros puntos de vista

Beneficios: Área interpersonal **Fortalecimiento del vínculo del participante con su entorno.** **Comunicación bidireccional**
Favorece la relación entre los participantes, la integración de los miembros del grupo
Ofrece un espacio para compartir problemas
Reconocimiento de la importancia de la reflexión y coloquio grupal como fuente de beneficios
Reconocimiento del grupo como fuente de ayuda

Figura 4

Beneficios del programa percibidos por el alumnado participante

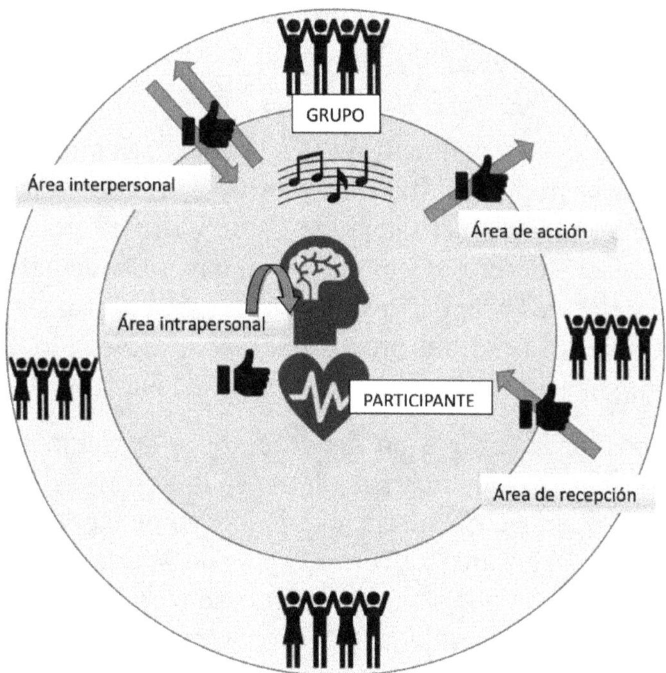

Perfil del participante

Las entrevistas revelaron que la mayoría de los alumnos decidieron participar por la curiosidad y el interés que les suscitaba la Musicoterapia. La vergüenza o la ansiedad a la hora de tener que improvisar, especialmente si empleaban para ello su instrumento principal, son los principales retos a los que se enfrentaron, especialmente en las primeras fases del proceso.

Percepciones en torno a las actividades estructuradas

Aunque la improvisación musical libre constituía uno de los pilares del programa, las actividades estructuradas eran otro elemento fundamental de las sesiones desarrolladas. Algunos participantes, de hecho, mostraron su preferencia por estas actividades, indicando que las consignas previas les proporcionaban seguridad. De todas las actividades consideradas especialmente útiles por los participantes eran especialmente frecuentes las alusiones a la tarea de representar imágenes y conceptos a través de la música, no solo como un reto que potencia la creatividad, sino también como una actividad que favorecía la empatía y la apertura a otros puntos de vista:

> me pareció muy curioso la forma que tenemos de interpretar algo... cada persona tenía un punto de vista distinto. Me gustó mucho plantearme cómo puede ver de distintas formas la gente (participante 05)

Si bien casi la totalidad de los comentarios en torno a las actividades del programa fueron positivos, destacó un comentario negativo en torno a la actividad de "songwriting" por parte de un participante. Consideró que era difícil llegar a un acuerdo en grupo sobre aquello que nos proporcionaba confort, y tal vez ni siquiera en ese momento cerca del final del proceso se había alcanzado el suficiente nivel de confianza en el grupo para afrontar adecuadamente un reto así:

> consensuar o llegar a un acuerdo sobre sentimientos y cómo expresarlos es mucho más difícil... [...] Recuerdo que alguien comentó que algo no le relajaba nada y yo pensé "a mí me relaja un montón". Entonces, ¿cómo voy a hacer una canción que yo piense "tranquilidad", sin un elemento, sólo porque a otra persona no le guste? Ésa es la cosa, cuesta mucho más consensuar emociones que aspectos musicales de una pieza. (participante 03)

Una posible variante de la actividad para futuras ediciones del programa podría consistir en construir canciones de forma individual con cada participante, tal vez compartiéndolas en el grupo en una sesión posterior. Baker y Wigram (2005, p.16) afirman, de hecho, que la técnica de "songwriting" se emplea con mucha mayor frecuencia en sesiones individuales. Otra posibilidad sería buscar un tema para la canción donde se hubiese detectado un acuerdo de antemano en el grupo, aprovechando las ventajas que la técnica de "songwriting" también presenta en el entorno grupal, como son la interacción social, cohesión y sentimientos de apoyo en el grupo (Baker y Wigram, 2005, p.16).

La evolución del grupo

La evolución de los estudiantes participantes en el programa pudo ser verificada a través de nuestras propias observaciones a lo largo del proceso. La organicidad de las propuestas, así como la cohesión y complicidad en los grupos, fueron creciendo a medida que avanzaban las semanas. Cada participante fue capaz de ir haciendo frente a sus propios retos, mostrando una predisposición y una actitud de autosuperación que fueron fundamentales para su progreso. Al participante que el primer día afirmó rotundamente que "no iba a cantar en las sesiones", se le respetó su decisión, pero acabó encontrando el momento de aportar su voz al grupo, descubriendo sus posibilidades. Al participante que confesó sus dificultades a la hora de enfrentarse al piano como segundo instrumento en la asignatura de Piano Complementario, se le apoyó cuando tomó la iniciativa de comenzar una sesión de improvisación libre sentado al piano, pero fue su afán de autosuperación el ingrediente determinante para progresar. En mayor o menor medida, todos los participantes aprendieron algo nuevo en relación a su instrumento principal y su relación con el mismo, incluso "reconciliándose" con el mismo en determinados casos.

Aunque los profesores de instrumento de los participantes no fueron una fuente de datos a analizar en el estudio, sí podemos mencionar que las conversaciones informales mantenidas a lo largo del proceso también corroboraron los resultados obtenidos. Cabe destacar la conversación con el profesor de una de las participantes, casi al finalizar el programa. Al preguntarle si había observado algún cambio significativo en la alumna durante el trimestre comentó que conocía a la alumna desde niña, desde que empezó sus estudios musicales y que, efectivamente, este último trimestre había observado un cambio notable en su actitud y trabajo. Percibió en ella una actitud más proactiva, además de un mayor sosiego y equilibrio emocional. Desconocía que la alumna hubiese participado en el programa y no dudó en asociar los cambios observados en su alumna al trabajo realizado en las sesiones.

Propuestas de mejora

En cuanto a las mejoras para futuras ediciones del programa, la propuesta más frecuente expresada por el alumnado participante era aumentar el número y duración de las sesiones, así como mejorar la difusión del programa y así lograr un mayor número de participantes en los grupos. Se propuso aumentar el número de actividades estructuradas, repetir alguna de las actividades a lo largo del programa, incidir en las actividades de relajación, visualización y reflexión sobre pensamientos y estrategias ante determinadas situaciones musicales. Se propusieron otras posibles actividades, como el intercambio de instrumentos propios de la especialidad, retando a los participantes a que enseñasen lo más básico de su funcionamiento a los compañeros. Se propuso también la escucha de fragmentos musicales para la representación teatral posterior. Se planteó igualmente la necesidad de dar más peso a la musicoterapia en las enseñanzas elementales y profesionales de música para mejorar la gestión de las emociones.

4

Propuestas didácticas para la improvisación en el aula de Lenguaje Musical y otros niveles y contextos

Si bien en apartados anteriores se ha hecho especial hincapié en la improvisación musical libre, se ofrecen en los siguientes apartados un conjunto de propuestas relacionadas con la improvisación estructurada o semiestructurada en las enseñanzas de Lenguaje Musical en la formación musical especializada, que igualmente pueden ser empleadas en otros niveles educativos (Primaria, Secundaria), e incluso como recursos en sesiones de musicoterapia según los objetivos que se planteen. Esta colección de pequeños proyectos para el aula ofrece distintos puntos de partida para la improvisación (la palabra, estímulos visuales, fragmentos musicales, etc.) y busca fomentar la exploración de distintos parámetros musicales (ritmo, melodía, armonía, forma, etc.).

4.1 Partir de dos "palabras" contrastantes

Destinatarios: Estudiantes de primer curso de Lenguaje Musical. Estudiantes de Primaria, Secundaria, conservatorios y escuelas de música sin conocimientos previos de lenguaje musical. Sesiones de musicoterapia, dependiendo de los objetivos perseguidos.

Comenzamos proporcionado a los estudiantes dos formas geométricas contrastantes como estímulo inicial. ¿Cómo podríamos llamar a estas figuras? (Podemos comenzar compartiendo los estudios en torno al "efecto bouba/kiki" descubierto por el psicólogo Köhler en 1929).

Figura 5

Improvisar y componer a partir de dos formas geométricas y los sonidos que nos inspiran

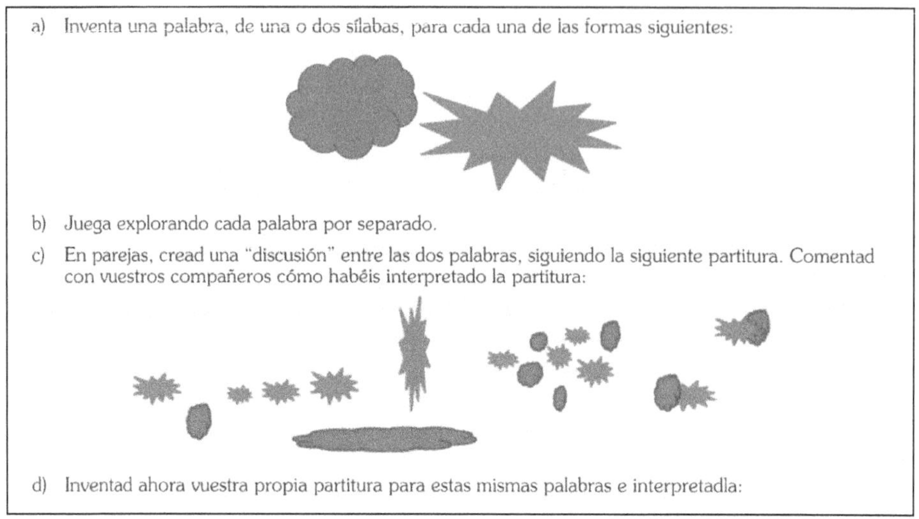

Fuente: *Música... ¡y Acción!* 1B – Real Musical (Ponce de León, 2020)

Podemos pedir a los estudiantes que propongan sonidos o inventen palabras que se correspondan con cada una de las formas geométricas. A continuación, podemos invitarles a explorar cada palabra por separado:

- Recitar la palabra lo más lentamente posible y luego cada vez más rápido
- Susurrar cada palabra, gritarla
- Pronunciar la palabra destacando sus consonantes todo lo posible y, a continuación, repetirla destacando las vocales
- Repetir la palabra transmitiendo emociones diferentes (enfado, miedo, burla, sorpresa, etc.)

Podemos pedir a los estudiantes que interpreten una partitura gráfica basada en estos dos elementos o invitarles a que creen sus propias composiciones elaborando partituras gráficas, partiendo de estos mismos elementos.

4.2 Improvisar efectos para una secuencia de dibujos animados

Destinatarios: Estudiantes de primer curso de Lenguaje Musical. Estudiantes de Primaria, enseñanzas elementales en conservatorios y escuelas de música sin ser necesarios conocimientos previos de lenguaje musical. Sesiones de musicoterapia, dependiendo de los objetivos perseguidos.

Una actividad de improvisación o composición puede consistir en añadir efectos para una secuencia de dibujos animados, como "Tom y Jerry" (extraído de *Música y Acción, 1A*) (Ponce de León, 2020). Plantearíamos a los estudiantes el siguiente reto:

- Vamos a ser los responsables de los efectos sonoros para una secuencia de dibujos animados.
- El primer paso puede consistir en improvisar, sobre la marcha, efectos a medida que visualizamos la secuencia sin sonido. Podemos comentar posteriormente lo ocurrido. ¿En base a qué hemos decidido los sonidos a aportar?
- Posteriormente, podemos visualizar nuevamente la secuencia varias veces, sin sonido, y tomamos decisiones que podemos ir anotando en una pizarra:
    - ¿Qué fuentes sonoras podemos emplear? ¿Instrumentos de pequeña percusión, percusiones corporales, la voz, otros instrumentos?
    - ¿Hay algún momento en particular que "pida" un efecto sonoro? ¿Qué emoción queremos acentuar con el efecto: sorpresa, miedo, risa…?
    - ¿Hay algún desplazamiento que pueda acompañarse con música? ¿Pasos, subidas o bajadas de escaleras, saltos…?
    - ¿Qué personajes aparecen? ¿Podemos acompañar a cada personaje en pantalla de alguna manera en particular? ¿Cómo describiríamos un gato como Tom, o un ratón como Jerry, con instrumentos? ¿Cuáles podrían ser más apropiados? ¿Cómo los tocaríamos?
    - ¿Conviene que haya una atmósfera sonora de fondo en toda o en parte de la secuencia?

- ¿Hay algún momento donde debe permanecer el silencio?

– Pediremos a los alumnos que indiquen la secuencia de efectos que han decidido introducir (una tabla para toda la clase, o varias tablas si han trabajado en pequeños grupos). Completarían tablas similares a la siguiente:

Tabla 5

Tabla de efectos sonoros para una secuencia de dibujos animados

Momento de la secuencia (segundos)	Descripción de lo que ocurre en pantalla	Efecto sonoro	Emoción generada
5	Tom sube las escaleras	Notas subiendo en altura en el xilófono	Intriga
8	Tom se encuentra con un Jerry gigante	Golpear el gong	Sorpresa
10	…	…	…

Después de escuchar y comentar las propuestas de cada grupo visualizaríamos la secuencia con su sonido original analizando las semejanzas y diferencias con nuestras aportaciones sonoras.

Por supuesto, podríamos realizar actividades en esta línea con alumnos de todas las edades, también en la etapa de Educación Secundaria, partiendo de otras secuencias de vídeo, fragmentos de películas conocidas por los estudiantes o grabando ellos mismos el material visual.

4.3 Improvisar en torno a las emociones básicas

Destinatarios: Estudiantes de primer curso de Lenguaje Musical. Estudiantes de primaria, enseñanzas elementales en conservatorios y escuelas de música sin ser necesarios conocimientos previos de lenguaje musical. Sesiones de musicoterapia, dependiendo de los objetivos perseguidos.

Relatamos a continuación una experiencia realizada en la escuela de música EnclavedeSí con grupos de iniciación musical de edades entre 6 y 9 años. Se trabajó la improvisación en torno a las emociones básicas: miedo, sorpresa, aversión, ira, alegría y tristeza. Los objetivos perseguidos fueron los siguientes:

- Ayudar a los alumnos a percibir la emoción de la improvisación del profesor, la propia y la de sus compañeros mediante la escucha.
- Ayudar a los alumnos a expresar la emoción de la música y a empatizar con ella a través de la voz.
- Ayudar a los alumnos a tomar conciencia, a través de la expresión verbal, de lo que la música les ha transmitido. Conceptualizar la emoción de la improvisación a través de tarjetas.
- Abrir canales de comunicación emocional entre los niños mediante la improvisación vocal. (Martín Hoyos y Ponce de León, 2018).

Se emplearon los siguientes materiales:

- Seis tarjetas presentando los nombres de cada una de las seis emociones básicas: miedo, sorpresa, aversión, ira, alegría y tristeza. Dibujamos una cara en el dorso de cada tarjeta representando la emoción en cuestión.
- Un piano para las improvisaciones del profesor, si bien cualquier instrumento podría emplearse en este tipo de actividad.

La experiencia incluyó las siguientes fases (Martín Hoyos y Ponce de León, 2018):

1. Con la ayuda de las tarjetas, presentamos a los alumnos las seis emociones básicas. Compartimos experiencias que habían generado en nosotros las distintas emociones e hicimos también referencia a cuentos, fomentando siempre que los alumnos participasen activamente.
2. La profesora improvisó fragmentos musicales al piano, cada uno de ellos con un sentido completo. Los niños relacionaron cada improvisación con una tarjeta. Aquí trabajamos la percepción emocional de los alumnos.
3. La profesora comienza a improvisar utilizando la voz, dando lugar por lo general a un fragmento de cuatro compases. Un alumno improvisa la continuación de la propuesta durante

cuatro compases más, dando paso nuevamente a la profesora, y finalmente cerrando el alumno la improvisación. Seguimos trabajando la percepción emocional, pero añadiendo además la expresión emocional del niño a través de la voz. Trabajamos la empatía al reflejar la misma emoción expresada por el profesor.

4. Una vez terminado el diálogo entre profesor y alumno, los demás, en pequeños grupos, debían indicar qué emoción había transmitido la conversación mantenida, mostrando la tarjeta correspondiente. El alumno que había improvisado con la profesora debía indicar si estaba de acuerdo o no. Los alumnos trabajan la percepción emocional, la empatía y la competencia social. Procuramos que, en cada sesión durante la experiencia, cada emoción básica fuese representada por al menos una improvisación.

A pesar de la corta edad de los alumnos participantes y su recorrido musical, todos participaron activamente, mostrando un alto grado de competencia emocional en la experiencia desarrollada, lo cual aplicaron posteriormente en la interpretación instrumental. Los alumnos llegaron a acuerdos sin dificultad a la hora de asociar emociones a fragmentos musicales.

4.4 Una posible semilla para la improvisación – el intervalo de cuarta

Destinatarios: Estudiantes de segundo curso de Lenguaje Musical. Estudiantes de Secundaria, conservatorios y escuelas de música con conocimientos básicos de lenguaje musical.

Partimos de un motivo musical muy sencillo como puede ser un intervalo de cuarta justa ascendente, por ejemplo, los sonidos Si y Mi. Podemos representar este motivo gráficamente con dos puntos. Invitamos a los estudiantes a que propongan distintas maneras de desarrollar esta idea y representamos gráficamente las propuestas.

Algunas posibilidades serían:

1. Lo repetimos tal cual
2. Lo cambiamos de octava

3. Lo transportamos a otras alturas, construimos una secuencia o progresión: SI-MI, DO-FA, RE-SOL
4. Realizamos un viaje de ida y vuelta: Si-Mi, Mi-Si (Balanceo)
5. Lo invertimos (5ª) MI-SI
6. Modificamos la duración de sus sonidos, duraciones asimétricas...
7. Lo convertimos en un trémolo...
8. Jugamos con el tempo: creamos un *accelerando* o *ritardando*
9. Modificamos la intensidad de sus sonidos
10. Modificamos el timbre, la idea pasa de un instrumento a otro
11. Jugamos con el espacio, lo interpretamos en "estéreo": El "SI" proviene de un lugar, el "MI" de otro... ("panning", "panoramización")
12. Modificamos la articulación (*staccato*, acentos...)
13. Repetimos uno o dos de sus sonidos varias veces (todo Si... salvo un Mi que constituye el sonido final, similar a lo que ocurren en la pieza de Ligeti *Musica Ricercata*)
14. "Rellenamos" el intervalo con sonidos intermedios (sin alterar): Si-Do-Re-Mi
15. "Rellenamos" con un movimiento cromático
16. "Rellenamos" con un movimiento pancromático (*glissando*)..
17. "Rellenamos" con cualquier combinación de sonidos....
18. Intercalamos otros sonidos en la alternancia de SI y MI
19. Creamos texturas: Por ejemplo, una nota se repite a modo de ostinato (SI), la otra (MI) realiza un ritmo... Luego invertimos los papeles.
20. Reducimos el intervalo: Si-Do, Si-Re...
21. Ampliamos el intervalo: Si-Fa, Si-Sol...
22. Tocamos las dos notas a la vez: intervalo armónico
23. Engordamos la textura, lo convertimos en dos acordes Si-Re#-Fa# y Mi-Sol#-Si
24. Damos protagonismo al SILENCIO: Separamos las dos notas con un intrigante silencio... el silencio se acorta o se alarga...
25. Adornamos alguna de sus notas (mordente sobre cada sonido, grupeto sobre cada sonido...)
26. Decimos los nombres de las notas y... resulta el punto de partida para un poema: Si mi, Si mi, SI MIro aSIMIlo SIMIlitudes...

27. Añadimos otros sonidos antes que desembocan en SI MI. Añadimos otros sonidos después de SI MI. Generamos una melodía...
28. Superponemos otras cuartas de forma sucesiva...

La siguiente imagen muestra algunas de las ideas sugeridas por un grupo de estudiantes para desarrollar la idea inicial:

Figura 6
Representación gráfica de posibles formas de hacer evolucionar una idea inicial

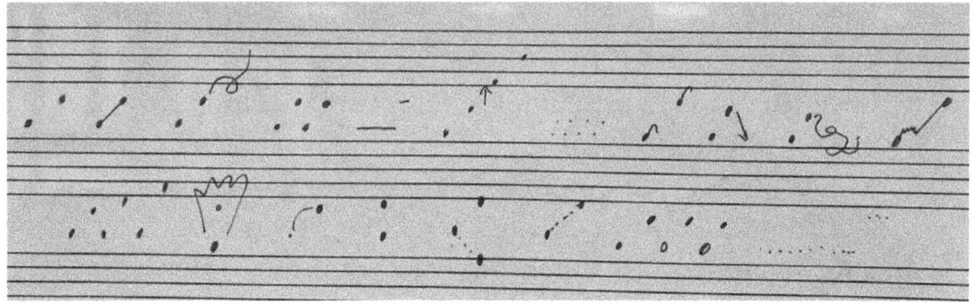

Después del "torbellino de ideas" inicial podemos invitar a los estudiantes en pequeños grupos a realizar improvisaciones grupales partiendo de esta semilla inicial.

4.5 "Próxima estación... Diego de León": Un marco para la improvisación rítmica

Cualquier texto puede convertirse en el punto de partida de una improvisación, sin tener que ser necesariamente una obra literaria. Una locución que escuchemos a diario en el transporte público, puede ser la semilla de un fragmento musical:

Próxima estación
Diego de León
Correspondencia con
líneas... ¡de improvisación!

Figura 7

Andén de la estación de metro "Diego de León" en Madrid

Fuente: Fotografía realizada por Luis Ponce de León

Podemos pedir a los estudiantes que busquen distintas maneras de recitar el texto propuesto, con o sin pulso/métrica. Podemos proponerles la siguiente versión, que pueden acompañar con percusión corporal:

Figura 8

Texto ritmado con percusión corporal

Nota: Las plicas hacia arriba indican mano derecha, plicas hacia abajo indican mano izquierda. Todo se percute sobre los muslos a excepción de las cabezas situadas en un nivel más alto que indican percusión sobre el pecho.

Los estudiantes trasladarán la percusión corporal trabajada a un conjunto de cajones flamencos colocados en forma de "V" en el aula. Se mantiene el mismo movimiento que el propuesto en la partitura anterior. La percusión sobre los muslos se traslada al borde superior del cajón (sonido de agudo), mientras que la percusión sobre el pecho se convierte en una percusión con la palma de la mano en el centro del panel frontal (sonido de bajo). En el extremo abierto de la "V" situaremos dos bongós. El recitado del texto con la percusión del cajón, seguida de la repetición de la percusión sin el texto, constituirá la sección A de un rondó (forma ABACA...). Los distintos episodios serán improvisaciones rítmicas realizadas por parejas de estudiantes.

- Durante la sección A, dos estudiantes (1 y 2) se situarán detrás de sendos bongós y estarán preparados/as para comenzar la improvisación rítmica cuando finalice la sección A.
- El estudiante 1 improvisará un ritmo en el bongó con una duración de 8 pulsos.
- A continuación, el estudiante 2 contestará con otro ritmo improvisado durante otros 8 pulsos.
- Mientras los estudiantes 1 y 2 improvisan, el resto de estudiantes percutirán suavemente un pulso estable en el cajón flamenco.
- De nuevo, el estudiante 1 improvisará un ritmo que será contestado por el estudiante 2 (8 + 8 pulsos)
- Realizaremos el ritmo de la sección A, recitando el texto y percutiendo sobre el cajón flamenco, realizando el ritmo completo 2 veces. Mientras tanto, otra pareja de estudiantes se desplazará a los bongós preparándose para improvisar el siguiente episodio. Repetiremos el ciclo hasta que todos los estudiantes hayan improvisado ritmos, finalizando la pieza con la sección A.
- Dependiendo del nivel de los estudiantes podemos añadir retos a las improvisaciones como los siguientes:
  - El estudiante 2 debe escuchar con atención el ritmo improvisado por su compañero/a (estudiante 1) y debe procurar contestar con un ritmo que contenga algún elemento de la propuesta de su compañero/a
  - En lugar de esperar los 8 pulsos para improvisar un ritmo "respuesta", el estudiante 2 puede comenzar antes de que acabe su compañero/a, solapando su ritmo con el final de la propuesta del estudiante 1.

4.6 "Pinturas rupestres": Un marco para la improvisación melódica. Combinando melodías en modo frigio, textos recitados y un acompañamiento instrumental

Destinatarios: Estudiantes de tercer curso de Lenguaje Musical. Estudiantes de Primaria, Secundaria, conservatorios y escuelas de música con conocimientos básicos de lenguaje musical.

Comenzamos mostrando a los estudiantes la siguiente imagen. ¿Qué puede ser? ¿Quién ha creado esto? ¿Con qué finalidad?

Figura 9
Pinturas rupestres en la Cueva de las Manos (Argentina)

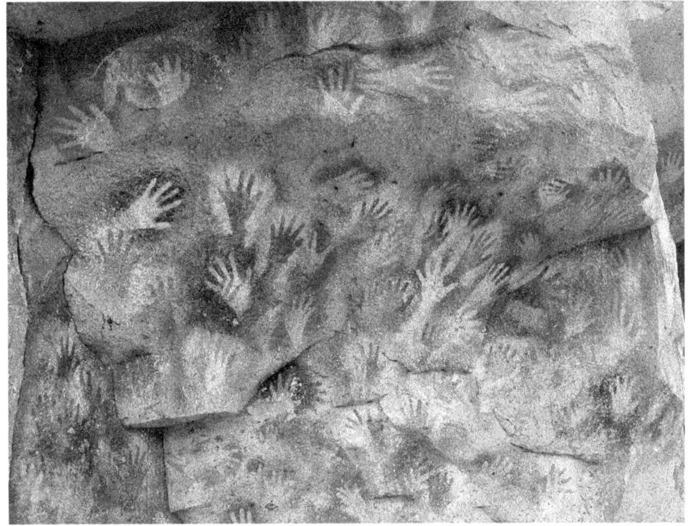

Fuente: Mariano Cecowski – Licencia Creative Commons
https://creativecommons.org/licenses/by-sa/3.0/deed.es

La Cueva de las Manos es un sitio arqueológico de especial interés por la belleza de sus pinturas rupestres. Se encuentra en Argentina, en el cañón del río Pinturas, al noroeste de la Provincia de Santa Cruz (Patagonia). El significado de las representaciones en las pinturas es hipotético. Se cree que puede haber formado parte de algún tipo de ritual.

Comunicamos a los estudiantes que somos un grupo de famosos arqueólogos, antropólogos, espeleólogos e historiadores, que se han reunido para comentar estas misteriosas pinturas rupestres, y para proponer teorías sobre su origen y finalidad.

Presentaremos la canción "Pinturas rupestres" proponiendo en cada escucha de la canción diferentes retos a los estudiantes que les ayudarán a familiarizarse con sus elementos (bordón, ostinato). Posteriormente, añadiremos secciones inventadas (momentos de texto hablado improvisado, movimiento e improvisaciones melódicas basadas en la escala frigia).

Figura 10
Partitura de la canción "Pinturas rupestres"[1]

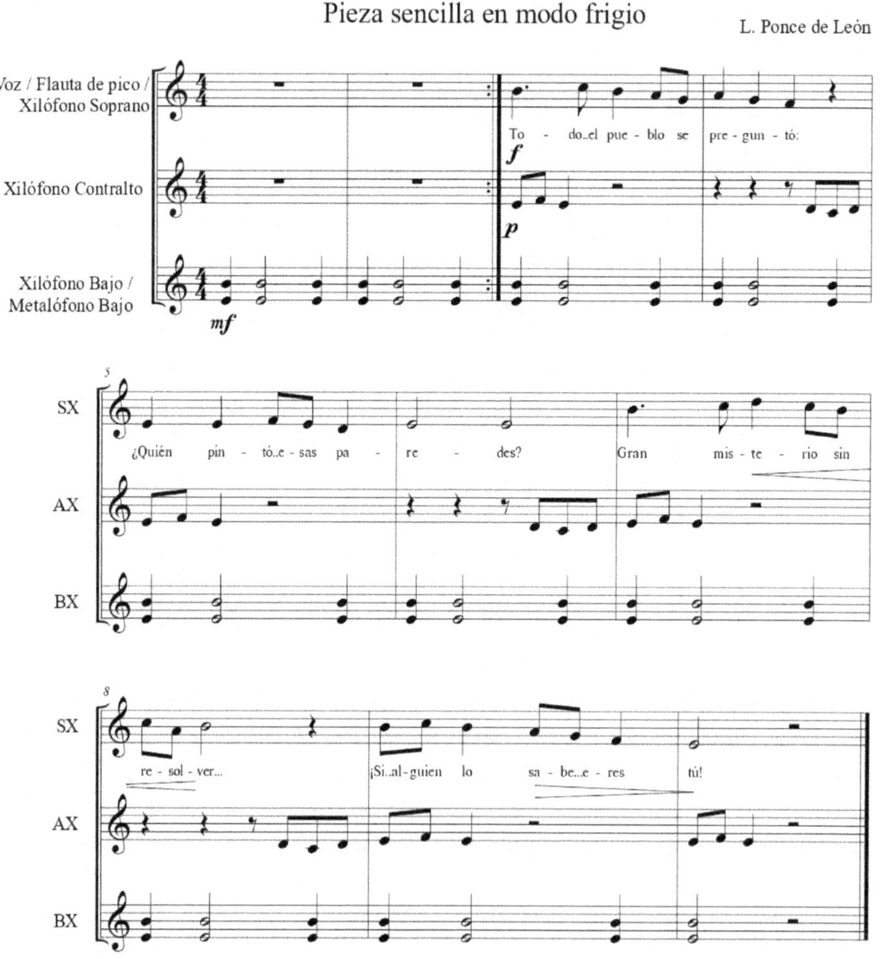

[1] En el compás 8 se puede sustituir la blanca "ver" seguida del silencio por tres repeticiones de la sílaba "ver" (tres negras, cada vez más suaves, como si las repeticiones fuesen un eco). Esto puede facilitar la incorporación del ostinato melódico que comenzaría justo después de la primera repetición de "ver".

Posible secuencia de trabajo de la canción “Pinturas rupestres”:

1. Presentamos por vez primera la canción, realizando, mientras cantamos, el ostinato rítmico (xilófono/metalófono bajo) percutiendo sobre nuestras piernas con ambas manos. Preguntamos a los estudiantes qué ritmo hemos percutido con nuestro cuerpo (negra-blanca-negra// negra-blanca-negra…). Podemos ponerle un texto a este ostinato: “Ma-nos pin // ta-das son…//ma-nos pin // ta-das son…”.
2. Pedimos a los estudiantes que reciten este ostinato mientras lo percuten en su cuerpo y volvemos a cantar la canción, esta vez percutiendo el bordón “Mi-Si” en un xilófono/metalófono, tal y como figura en la partitura. Pedimos a los estudiantes que averigüen qué hemos tocado con el instrumento.
3. Pedimos a los estudiantes que toquen el bordón mientras cantamos nuevamente la canción. Esta vez nosotros añadimos el ostinato melódico (xilófono contralto). Podemos pedir a los estudiantes que comenten sobre lo que hemos añadido y averigüen, con nuestra ayuda, cuántas veces ha sonado el ostinato, en qué momentos de la canción suena y qué sonidos contiene (pista: empieza en Re). Podemos interpretar juntos el ostinato, cantándolo con texto (“no sé qué puede ser”), tocando las notas correspondientes en el aire en un xilófono imaginario (alternando manos), posteriormente tocando las láminas correspondientes con los dedos y, como último paso, interpretándolo el ostinato en el xilófono con baquetas.
4. Podemos preguntar a los estudiantes si se saben ya la canción de memoria. Podemos cantar dos frases seguidas de la canción mientras tocamos el bordón y pediremos a los estudiantes que las repitan cantando a modo de eco.
5. Si lo consideramos oportuno podemos cantar juntos la canción mientras tocamos el bordón propuesto, y posteriormente añadiendo todos el ostinato melódico propuesto. A continuación podemos dividir a los estudiantes en grupos que se encargarán de los distintos roles: bordón, ostinato melódico, voz.
6. Vamos a improvisar nuevas secciones en nuestra obra. La canción tal y como la hemos interpretado constituirá la sección A. Crearemos una forma rondó (ABACA…) intercalando, entre cada repetición de la canción (sección A), episodios improvisados

donde uno o varios estudiantes hablarán inventando sus propias hipótesis sobre el origen y significado de las pinturas rupestres. Mientras los “solistas” hablan, los demás estudiantes crearán una atmósfera musical misteriosa de fondo, interpretando trémolos en las notas Mi o Si, y realizando motivos breves oscilando en torno a estas notas (Mi-Fa-Mi, Si-Do-Si, Si-La-Si-Do-Si…)

Incorporar el movimiento y expresión corporal:

En este rondó, podemos dividir a los estudiantes en grupos y pedirles que planifiquen y posteriormente muestren, en cada una de las repeticiones de la canción, una coreografía para acompañar la canción, donde las manos tengan un especial protagonismo:

- ¿Un ritual de manos que dio lugar a las pinturas rupestres?
- ¿Una danza de manos que represente lo que vemos representado en las paredes de la cueva?
- ¿Una danza en homenaje a la utilidad de nuestras manos en la vida cotidiana?...

Improvisaciones en modo frigio:

- Podemos comentar sobre los dos “ejes” principales de la canción: las notas Mi y Si, siendo la nota Mi, la nota que nos transmite “reposo”. Podemos cantar y tocar la escala frigia de Mi a Si, en dirección ascendente y descendente.
- Vamos a crear frases “pregunta” y “respuesta” basándonos en esta escala. Podemos proponer restricciones como las siguientes:
    - En cada episodio conversarán dos estudiantes:
        - el primer estudiante improvisará una frase “pregunta”, con una duración total de 4 compases, comenzando en Mi y finalizando en Si.
        - el segundo estudiante improvisará una “respuesta” de igual duración, comenzando en Si y finalizando en Mi.
    - No puede haber saltos, podemos subir o bajar por grados conjuntos y repetir sonidos.

– Creamos una forma rondó, en la que la sección A será la canción y los sucesivos episodios (B, C, D…) serán improvisaciones de parejas de estudiantes basadas en la escala frigia. Durante los episodios mantendremos el bordón.

4.7. Improvisando sobre una estructura armónica: creando a partir de una zarabanda de Handel

Destinatarios: Estudiantes de tercer curso de Lenguaje Musical. Estudiantes de Secundaria, conservatorios y escuelas de música con conocimientos previos de lenguaje musical.

La siguiente zarabanda, en la cuarta suite en Re menor para clavecín de Handel, está basada en "La Folía", uno de los temas europeos más recurrentes. Para familiarizarnos con la pieza podemos comenzar escuchando la obra y comentando su carácter. Podemos cantar cada una de las voces del fragmento adaptado y cantarlo posteriormente a dos voces. Otra opción puede ser la escritura al dictado del fragmento a dos voces, cantándolo posteriormente.

Figura 11

Adaptación de la zarabanda de la cuarta suite en Re menor para clavecín de Handel

Nota: Extraída de *Música… ¡y acción! 3B* (Ponce de León, 2021)

Podemos aplicar un texto a la voz superior como el siguiente:

Quiero... No puedo.
Busco... No encuentro.
Yo sigo... Repito.
Tu ayuda... te pido.

Esta pequeña pieza puede convertirse en el punto de partida para la improvisación. Algunos pasos que podemos proponer a nuestros estudiantes son:

1. Realizar variantes rítmicas sobre la voz superior. Mantenemos los mismos sonidos pero podemos repetirlos.
2. Adornar la melodía de la voz superior, añadiendo notas de paso, floreos…
3. Podemos cantar la nota del bajo correspondiente a cada compás, con la ayuda de la siguiente guía de los acordes que conforman la estructura armónica de la pieza:

Figura 12

Estructura armónica de la zarabanda de la cuarta suite en Re menor para clavecín de Handel

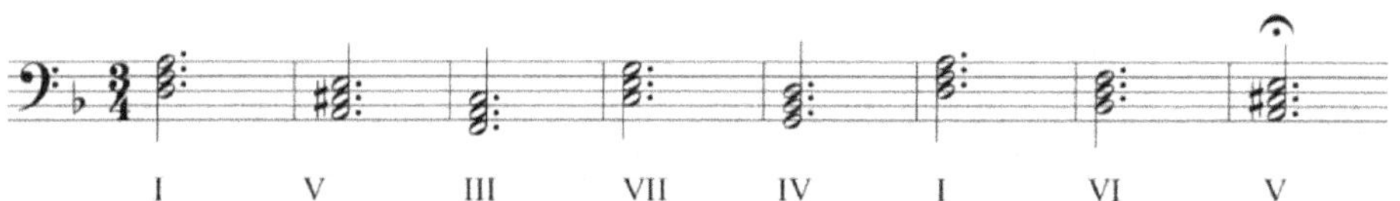

Nota: Extraída de *Música... ¡y acción!* 3B (Ponce de León, 2021)

Un grupo puede cantar los bajos y otro puede cantar la melodía.

4. Cantamos pentacordios en cada compás, comenzando sobre la correspondiente nota del bajo. De nuevo, un grupo puede cantar los pentacordios a modo de acompañamiento, mientras otro grupo canta la melodía.

5. Cantamos las notas del acorde de grave a agudo en cada uno de los compases. Podemos escoger diferentes posibilidades rítmicas para cantar este acompañamiento. Un grupo puede interpretar el acompañamiento y el otro grupo puede cantar la voz superior.

6. Inventamos otro posible acompañamiento empleando algunas o todas las notas del acorde en cada compás. Podemos elegir un patrón que mantendremos a lo largo de toda la pieza, adaptándolo a cada acorde en cuestión. Algunas posibles fórmulas de acompañamiento pueden ser:
   - Arpegio ascendente y descendente: (I) Re-Fa La-Fa Re | (V) La-Do# Mi-Do# La, etc. (ritmo: cor-cor, cor-cor, neg)
   - Reiterar la tercera inicial: (I) Re-Fa-Re-Fa La-Fa Re | (V) La-Do#-La-Do# Mi-Do# La, etc. (ritmo: se-mi-se-mi, cor-cor, neg)

   En cada caso las podemos interpretar en pequeños grupos, mientras otro grupo de alumnos canta la voz superior del fragmento.
7. Una vez que estamos familiarizados con la pieza, podemos proponer otras posibilidades para la voz superior. Se trataría, en este caso, de improvisar atendiendo a una de estas modalidades:
   a. De modo “no consciente”, de forma intuitiva, sin necesidad de añadir los nombres de las notas, una vez que nos hemos impregnado de la estructura armónica.
   b. De modo “consciente”, empleando los nombres de las notas y teniendo en cuenta el acorde correspondiente en cada compás.

Referencias

- Baker, F., & Wigram, T. (Eds.) (2005). *Songwriting. Methods, Techniques and Clinical Applications for Music Therapy Clinicians, Educators and Students.* Jessica Kingsley Publishers.
- Ballester, J. (2015). Un estudio de la ansiedad escénica en los músicos de los conservatorios de la Región de Murcia. Tesis doctoral, Universidad de Murcia. Consultada el 18 de septiembre de 2019 en https://www.tdx.cat/handle/10803/307540
- Bruscia, K. (2010). *Modelos de improvisación en musicoterapia.* Agruparte.
- CASEL (2012). *2013 CASEL guide: Effective social and emotional learning programs.* CASEL (Collaborative for Academic Social, and Emotional Learning).
- Dalia, G. (2004). *Cómo superar la ansiedad escénica en músicos.* Mundimúsica ediciones.
- Davies, A., & Richards, E. (Eds.) (2002). *Music Therapy and Group Work.* Jessica Kingsley Publishers.
- Gaardstrom, S.C. (2007*). Music Therapy Improvisation for Groups: Essential Leadership Competencies.* Barcelona Publishers.
- Ladano, K. (2016). Free improvisation and performance anxiety in musicians. En A. Heble & M. Laver (Eds.), *Improvisation and music education: Beyond the classroom (pp. 46-59).* Routledge.
- Lecourt, E. (2005). *Análisis de grupo y musicoterapia. El grupo y lo sonoro.* Agruparte.
- Martín, C. & Ponce de León, L. (2018) Percepción y expresión de las emociones básicas en la clase de iniciación musical Willems. Actas del congreso V CEIMUS 2018, Cuenca.
- Montello, L. (2002). *Essential Musical Intelligence.* Quest Books.
- Montello, L. (2016). *Performance Wellness Manual.* Performance Wellness Inc.
- Oslé, R. (2007). La musicoterapia de grupo como psicoterapia grupal. *Música, terapia y comunicación, 27,* 13-25.
- Pignatelli, N.L. (2015). La función pedagógica del profesor de piano en grado superior ante el miedo escénico de los alumnos. Tesis doctoral, Universidad Complutense de Madrid.
- Poch, S. (2011). *Compendio de musicoterapia. Volumen I.* Herder.
- Ponce de León, L. (2020). *Música… ¡y acción! 1A, 1B y libro del profesor 1.* Real Musical – Hal Leonard.

- Ponce de León, L. (2021). *Música… ¡y acción! 3A, 3B y libro del profesor 3.* Real Musical – Hal Leonard.
- Ponce de León, L., & Del Olmo, M.J. (2021). Diseño e implementación de un programa de musicoterapia de improvisación en un conservatorio de música. Análisis de las percepciones de los participantes. *Revista Electrónica Complutense de Investigación en Educación Musical, 18,* 217-233. http://dx.doi.org/10.5209/reciem.69085
- Ponce de León, L., Gértrudix-Barrio, F., Sánchez-Parra, M. J., & Sánchez-Escribano, E. (2022). Aprendizaje socioemocional y educación en valores en el aula de lenguaje musical. *Revista Electrónica De LEEME, 50*, 46-66.
- Seabrook, D. (2017). Performing Wellness: Playing in the Spaces Between Music Therapy and Music Performance Improvisation Practices. Voices: *A World Forum for Music Therapy, 17* (3). DOI: https://dx.doi.org/10.15845/voices.v17i3.936
- Seabrook, D. (2018). The experiences of professional artists in clinical improvisation: a pilot study. *Nordic Journal of Music Therapy, 28(3)*, 193-211. DOI:10.1080/08098131.2018.1542615
- WFMT (2011). About WFMT. Consultado el 15 de abril de 2019 en https://www.wfmt.info/wfmt-new-home/about-wfmt/
- Zarza, F.J. (2012). La ansiedad escénica en músicos de Grado Superior y su relación con el optimismo disposicional. Trabajo de Fin de Máster, Universidad de Zaragoza.

ANEXO 1

Historia sonoro-musical. Modelo de ficha para estudiantes con formación musical especializada en el conservatorio u otros centros

Nombre:
Edad:
País de origen:
Instrumento que estudias actualmente en el conservatorio:
1. ¿Qué experiencia tienes tocando otros instrumentos? ¿Cuáles? ¿Y cantando?
2. ¿Qué estilos de música te gusta escuchar?
3. ¿Qué tipo de música te gusta tocar?
4. ¿Cuáles dirías que son tus instrumentos preferidos?

5. ¿Podrías indicar alguno de tus compositores, grupos o intérpretes preferidos?
6. ¿Podrías indicar algunas de tus obras y canciones preferidas?
7. ¿Podrías indicar algún tipo de música, obras/canciones o instrumentos que te desagraden o no te gusten especialmente?
8. ¿Puedes recordar una vivencia asociada a la música especialmente gratificante?
9. ¿Puedes recordar alguna vivencia desagradable relacionada con la música?
10. Añade otras observaciones sobre ti y la música:

Anexo 2

Resumen de técnicas clínicas en musicoterapia de improvisación

El siguiente esquema puede ayudar a lectores/as a familiarizarse con algunos términos empleados en musicoterapia de improvisación y que se emplean ocasionalmente en la autoetnografía del primer apartado de este libro.

Bruscia (2010)[2] define técnica como una "operación o interacción iniciada por el terapeuta para facilitar una respuesta inmediata por parte del paciente o para dar forma a su experiencia inmediata". A la hora de clasificar las técnicas podemos atender a tres áreas:

- Centro (de observación e intervención): música, movimiento, verbalización…
- Objetivos (¿Qué se consigue?): Facilitación de respuestas, relaciones…
- Complementación: sucesiva o simultánea (a la respuesta del paciente), modalidad (igual/distinta de la del paciente), adaptarse o promover una respuesta nueva…

---

[2] Bruscia, K. (2010). *Modelos de improvisación en musicoterapia.* AgrupArte: Vitoria-Gasteiz.(pp.380-407)

Técnicas de empatía	Descripción	Objetivo	Datos adicionales
Imitar	Hacer eco/reproducir la respuesta del paciente, una vez presentada	Centrar la atención del paciente, reforzarle, indicar aspectos relevantes de la respuesta, transmitir aceptación, verificar el mensaje, establecer turnos, permitir al paciente dirigir	Se puede complementar verbalmente. Variante: "imitar al compañero"
Sincronizar	Hacer lo que hace el paciente y a la vez	Apoyar, estabilizar o fortalecer la respuesta del paciente, promover su autoconocimiento, generar intimidad en la relación, transmitir aceptación	Sincronía con un elemento musical o varios. Puede ser transmodal
Incorporar	Tomar un motivo presentado por el paciente e improvisar/componer a partir de él	Motivar, transmitir aceptación de la música del paciente, ejemplificar el trabajo con un sentimiento	En el momento o en una sesión posterior. Riesgo de que el paciente se sienta amenazado/consumido o invadido.
Paseo	Emplear la misma energía (intensidad, velocidad) del paciente	Aumentar la relación física del paciente con su entorno, establecer confianza, favorecer la comodidad y autoconocimiento	No importa el contenido emocional/musical Unimodal/transmodal
Reflejar	Expresar el estado anímico/actitud del paciente	Favorecer el autoconocimiento emocional, mostrar aceptación de acciones y sentimientos del paciente, generar confianza	Misma modalidad/Crosmodal: Reflejo musical, lírico, verbal, del movimiento… Simultánea/posterior a la expresión del paciente
Amplificar	Exagerar algo distinto y único sobre el paciente o lo que hace	Permitir que el paciente conozca y explore la cualidad exagerada	No se debe transmitir burla

T. de estructura	Descripción	Objetivo	Datos adicionales
Fondo rítmico	Mantener un compás básico o realizar un ostinato sobre el que el paciente improvisará.	Estabilizar el pulso del paciente, ayudarle a controlar sus impulsos y proporcionar seguridad	No controlar ni coartar
Centro tonal	Generar un centro tonal, escala o fondo armónico sobre el que el paciente improvisará.	Ayudar al paciente a organizar con éxito sus melodías, catalizar su pensamiento, trabajar la disonancia y consonancia, evocar emociones y contener las expresadas por el paciente.	Bajos, bordones, escalas con número limitado de tonos, ostinatos melódicos, acordes…
Dar forma	Ayudar a definir la duración y forma de frases e ideas musicales	Dar forma a los impulsos del paciente, convirtiendo sus sentimientos en ideas musicales con significados concretos	Dirigir la energía con matices dinámicos y agógicos, proporcionar momentos de clímax, etc.

T. de intimidad	Descripción	Objetivo	Datos adicionales
Compartir instrumentos	Terapeuta y paciente, o varios pacientes, tocan el mismo instrumento de modo independiente o interdependiente	Explorar los límites interpersonales, cooperación, aportar intimidad, trabajar de forma simbólica sobre las relaciones con otros	Es requisito la confianza con la persona que comparte. No apta para pacientes con apego significativo al territorio.
Dar	Presentar a modo de regalo una interpretación musical, instrumento, partitura…	Mostrar educación y preocupación por el paciente	Improvisaciones del terapeuta para el disfrute del paciente, mostrándole quién es y educándole musicalmente.
Unión	Desarrollar una pieza breve entre paciente y terapeuta que simbolice su relación y aspectos compartidos	Transmitir aceptación y cariño, generar confianza	
Soliloquio	El terapeuta improvisa cantando hablando consigo mismo sobre le paciente.	Afrontar aspectos sobre los que el paciente no está preparado para tratar en la comunicación	Vg. letras sobre reacciones hacia el paciente o posibles sentimientos de este último.

T. de facilitación	Descripción	Objetivo	Datos adicionales
Repetir	Presentar en sucesión el mismo ritmo, melodía, movimiento, etc., de forma continua o intermitente.	Facilitar la respuesta del paciente, generar un clima emocional	Según la repetición sea exacta o no podemos generar desde comodidad y estabilidad, hasta anticipación e inquietud
Modelar	Presentar un motivo, comportamiento o rasgo para ser imitado	Facilitar una respuesta específica que el paciente necesite desarrollar	Variante: "modelar al compañero"
Hacer espacios	Dejar espacios en la improvisación para que el paciente los rellene	Promover la interacción con el terapeuta	Los silencios pueden ser "vacíos" (descansos) o "llenos" (sonidos mantenidos, fondo)
Interponerse	El terapeuta interviene rellenando las pausas del paciente.	Redirigir o proporcionar continuidad en la improvisación, transmitir atención	Pueden ser interposiciones musicales (con o sin significado temático) o verbales (Vg. narración de historias musicales)
Extender	Alargar la frase del paciente	Ayudar al paciente a expresar ideas o sentimientos completos, proporcionar continuidad en la improvisación	Puede darse en un contexto verbal (añadir detalles)
Completar	Contestar las preguntas musicales o frase antecedente del paciente	Promover la interacción con el terapeuta y trabajar conceptos de forma	El terapeuta crea una frase propia, más que añadir detalles a la del paciente

T. de redirigir	Descripción	Objetivo	Datos adicionales
Introducir un cambio	Presentar nuevo material temático (sección con nuevos motivos rítmicos, melódicos, letra)	Permitir que avance la improvisación cuando el paciente se atasca	Un "cambio de tema" en la conversación
Diferenciar	Improvisar simultáneamente con elementos diferentes aunque compatibles con los que emplea el paciente	Motivar al paciente para que cambie su música o mostrar la posibilidad de mantener una distancia segura	Se mantiene una relación, a pesar de la independencia de roles y contraste de identidades musicales
Modular	Modificar paulatinamente la medida o tono de la improvisación	Cambiar el estado de ánimo de la improvisación	Se puede mantener el material temático previo. "Cambio de perspectiva"
Intensificar	Aumentar la dinámica, tempo y/o tensión rítmica/melódica	Incrementar la energía en la improvisación del paciente, trabajar el control de impulsos y liberación de tensión	No sobreestimular
Calmar	Disminuir la dinámica, tempo y/o tensión rítmica/melódica	Relajar, reducir la ansiedad, generar un orden emocional	No relajar en exceso
Intervenir	Interrumpir o redirigir de modo más drástico la improvisación del paciente (desestabilizar estereotipias)	Modificar o parar una respuesta muy inapropiada o contraproducente del paciente	Síncopas, ritmos cruzados, rubatos, modulaciones, alteraciones cromáticas… Evitar causar ansiedad severa o retraimiento

T. de procedimiento	Descripción	Objetivo	Datos adicionales
Permitir	Ofrecer instrucciones, demostraciones, consejos o una ayuda física al paciente.	Facilitar la participación, establecer una relación de trabajo, ayudar al paciente a conseguir sus objetivos	
Cambiar	Modificar la modalidad expresiva (música, movimiento, dramatización, verbal)	Facilitar la expresión de sentimientos difíciles, evitar que la modalidad se convierta en medio de resistencia	También cambiar los medios dentro de una modalidad (voz, instrumentos, sonidos corporales)
Hacer pausas	Permitir al paciente que descanse o permanezca quieto	Promover autoconocimiento, revisar objetivos, evaluar progresos, resolver problemas	
Retirarse	Permanecer en segundo plano, permitiendo al paciente que dirija la improvisación	Dar responsabilidad al paciente de lo que acontece, evitar que el terapeuta influya en cómo el paciente se proyecta sobre la música	La retirada debe ser obvia pero no repentina: evitar sensación de abandono o presión por la responsabilidad otorgada
Experimentar	Presentar una idea o estructura para guiar la improvisación del paciente, invitándole a explorarla	Promover la creatividad, eliminar bloqueos de pensamiento	También explorar un instrumento diferente, reaccionar ante un problema (verbal)
Conducir	Dirigir la improvisación mediante gestos y señales.	Crear oportunidades para experimentar roles de liderazgo y seguidor, generar autoconfianza y cohesión grupal	Puede dirigir el terapeuta o el paciente, decidiendo sobre elementos musicales o interpersonales
Ensayar	El paciente o grupo practica todo o parte de una improvisación	Fomentar el orgullo del trabajo personal, la perseverancia y disciplina. También la cohesión y dominio de rol en grupos.	

T. de procedimiento	Descripción	Objetivo	Datos adicionales
Ejecutar	Los pacientes realizan una improvisación ensayada previamente.	Motivar y centrar los esfuerzos del paciente, trabajar el autocontrol. Con público: obtener reconocimiento, compartir con otros	
Rebobinar	Escuchar una improvisación grabada previamente	Promover el autoconocimiento y capacidad de autoreflexión.	Puede ser una fuente de orgullo, pero amenazante para los que no estén preparados.
Informar	Solicitar al paciente que comente aspectos de la experiencia de improvisación después de la misma		
Reaccionar	Preguntar al paciente lo que le gustó/disgustó de su improvisación después de la misma	Recoger información de la autoimagen del paciente, fomentar sentimientos positivos hacia el yo	Más que informar, expresar cómo se siente ante el producto
Analogía	Solicitar al paciente que mencione situaciones en su vida análogas a la experiencia de improvisación	Realizar conexiones entre la música del paciente y su vida, verbalizar sobre creencias personales	

T. de exploración emocional	Descripción	Objetivo	Datos adicionales
Contener	Ofrecer un fondo musical acorde con los sentimientos del paciente y una estructura para contenerlos	Fomentar la expresión de sentimientos difíciles de forma segura, transmitir apoyo y comprensión	Uso combinado de otras técnicas: reflejar, pasear, centrar…
Doblar	El terapeuta expresa sentimientos que el paciente tiene dificultad para reconocer o expresar	Extraer sentimientos reprimidos en la consciencia del paciente, ayudarle a reconocer, aceptar y liberar sus sentimientos	Variantes: doblaje del grupo, "doblar al compañero", unimodal/transmodal
Contrastar	Pedir al paciente que improvise explorando sentimientos/cualidades opuestas	Ampliar el ámbito de expresión del paciente, trabajar los diferentes sentimientos y cómo expresarlos	Contrastes en cualidades musicales, de sentimientos, de movimiento…
Hacer transiciones	Lograr que el paciente descubra cómo cambiar gradualmente de un sentimiento/cualidad a otro contrastante	Ayudar al paciente a estructurar sentimientos, aprender a crear un eventos dramáticos, musicales o de movimiento que concuerden con un sentimiento	
Integrar	Combinar y equilibrar posteriormente elementos contrastantes o conflictivos en la improvisación del paciente, haciéndolos compatibles		

T. de exploración emocional	Descripción	Objetivo	Datos adicionales
Secuenciar	Ayudar al paciente a establecer un orden significativo para las secciones de una improvisación o historia.	Permitir al paciente que perciba relaciones causa-efecto, mejorar la conciencia de la realidad	De forma verbal se consigue con más facilidad
Dividir	Improvisar con el paciente en torno a aspectos conflictivos del yo del paciente	Llevar a la consciencia aspectos del yo, percibir la relación entre partes conflictivas	Improvisar sobre ideas/sentimientos incongruentes, roles incompatibles…
Transferir	Explorar relaciones significativas en la vida del paciente mediante la improvisación de dúos	Obtener información sobre tendencias de interacción del paciente y roles en la relación, trabajar hacia el crecimiento en la relación	
Desempeñar un rol	Invitar al paciente a desempeñar roles diversos en una improvisación	Promover la flexibilidad de roles, desarrollar destrezas sociales	
Anclar	Relacionar una experiencia significativa en terapia a algo que permita al paciente retenerla en su memoria	Consolidar lo aprendido en terapia y aplicarlo a situaciones externas	Conectar la experiencia en terapia con acontecimientos autobiográficos, sentimientos fuertes. Realizar la experiencia en otra modalidad o medio.

T. referenciales	Descripción	Objetivo
Emparejar	El terapeuta improvisa motivos musicales asociados a respuestas específicas del comportamiento del paciente.	Transmitir la voluntad de seguir al paciente, generar confianza, establecer un medio de comunicación
Simbolizar	Solicitar al paciente que emplee de forma simbólica la entidad musical que desee (motivo, instrumento) para representar un aspecto no musical (acción, persona, sentimiento…).	Explorar los sentimientos del paciente en relación al aspecto no musical, acceder al inconsciente
Recuerdo	El paciente recuerda una situación y posteriormente reproduce los sonidos imaginados	Sensibilizar al paciente de cómo los sonidos se asocian a acontecimientos y personas, acceder al inconsciente e historia sonora del paciente
Asociación libre	El paciente comunica verbalmente aquello que le ha venido a la mente al escuchar una improvisación	Acceder al inconsciente y preparar al paciente para futuras improvisaciones referenciales
Proyectar	El paciente improvisa, describiendo una situación de su vida o sentimientos que requieran ser trabajados en terapia	Facilitar la expresión de sentimientos, explorar facetas conscientes e inconscientes del tema tratado
Fantasear	El paciente improvisa música sobre un tema fantástico (historia, sueño)	Acceder al inconsciente
Contar historias	Terapeuta y/o paciente improvisan fragmentos musicales. El paciente crea una historia en torno a los mismos.	Revelar material autobiográfico, proyectar sentimientos reprimidos

Técnicas de debate	Descripción	Objetivo	Datos adicionales
Conectar	El terapeuta o el paciente buscan nexos entre elementos de la experiencia o expresión del paciente y las verbalizan	Ayudar al paciente a consolidar en la memoria su experiencia, fomentar su autoconocimiento, interpretar la experiencia	Conexiones entre elementos de la música o afirmaciones del paciente, entre la música y sus sentimientos, entre sentimientos, etc.
Indagar	Hacer preguntas al paciente para obtener información		Emplear con sensibilidad y con poca frecuencia
Aclarar	Hacer preguntas al paciente para corroborar información que ha proporcionado con anterioridad		
Resumir	Resaltar las ideas principales de una improvisación sesión.	Anclar la experiencia y realizar un cierre efectivo	
Feedback	El terapeuta describe verbalmente cómo el paciente/grupo puede resultar (apariencia, sonido, sensación) a un observador objetivo	Fomentar el autoconocimiento y autoreflexión	
Interpretar	Proporcionar al paciente significados posibles para sus experiencias	Proporcionar herramientas para la autopercepción y autoanálisis	
Metaprocesar	Conseguir que el paciente cambie su nivel de conciencia, de modo que pueda observar y reaccionar sobre lo que está haciendo o sintiendo		
Reforzar	Premiar al paciente (o eliminar un premio) para favorecer/disminuir una conducta concreta		
Confrontar	Desafiar al paciente, señalando incongruencias en su expresión. Puede retar musicalmente con disonancias o tensiones que inciten cambios en la respuesta del paciente		
Revelar	El terapeuta revela algo personal al paciente/grupo que guarda relación con el proceso terapéutico		

Anexo 3

La improvisación en el método *Música... ¡y acción!* para el aprendizaje del Lenguaje Musical

En varios momentos del libro se ha hecho alusión a actividades de improvisación extraídas de nuestro método de Lenguaje Musical *Música... ¡y acción!* en cuatro volúmenes dirigidos a estudiantes de conservatorios y escuelas (editorial Real Musical-Hal Leonard). La improvisación y la composición es precisamente el punto culminante de cada una de las unidades didácticas del método, siguiéndose la secuencia "descubrir-explorar-inventar".

Figura 13
Descubrir-explorar-inventar en el método "Música... ¡y acción!"

Descubrir

Partiendo de canciones populares y temas conocidos de obras de distintas épocas y estilos, los alumnos descubren los elementos del lenguaje musical abordados en la unidad didáctica correspondiente.

Explorar

Los nuevos contenidos se trabajan desde múltiples enfoques a través de actividades de ritmo/lectura, entonación, teoría, audición/dictado, movimiento y creatividad/improvisación/composición.

Inventar

La temática de la unidad, el contenido del fragmento musical inicial y los nuevos elementos de la unidad se proponen como fuentes de inspiración para que los alumnos creen su propia música, con o sin notación. (Se aportan propuestas para el desarrollo de estas actividades en el libro del profesor junto con propuestas de actividades de movimiento y soluciones de los ejercicios de audición/dictado y teoría). Es en este momento de cada unidad didáctica, donde los estudiantes pueden mostrar que se han hecho dueños del lenguaje musical, es el momento en el que verdaderamente "hablan" el lenguaje de la música.

Figura 14
Algunos de los libros del alumno del método "Música... ¡y acción!"

Nota del autor:

Esta publicación sin ánimo de lucro, fruto de la investigación científica en el área de Música y Didáctica de la Expresión Musical, se acoge al artículo 32 de la Ley de Propiedad Intelectual.

www.ingramcontent.com/pod-product-compliance
Lightning Source LLC
LaVergne TN
LVHW080456160826
845677LV00006B/1377

* 9 7 8 8 4 1 0 1 0 4 8 7 7 *